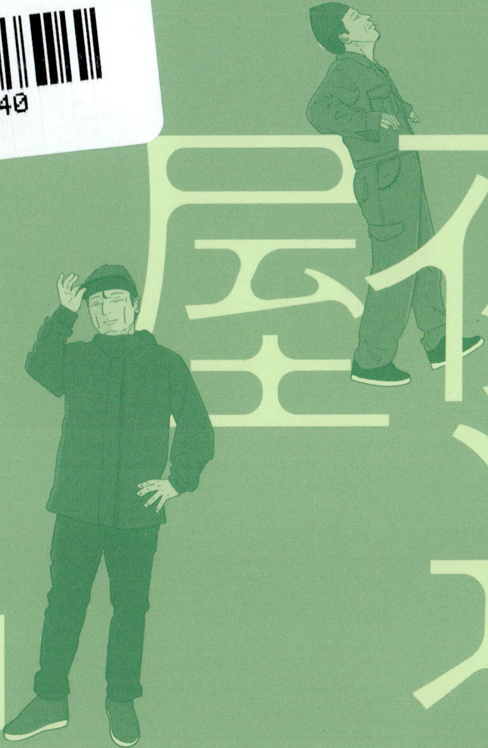

夜逃げ屋日記 3

宮野シンイチ

KADOKAWA

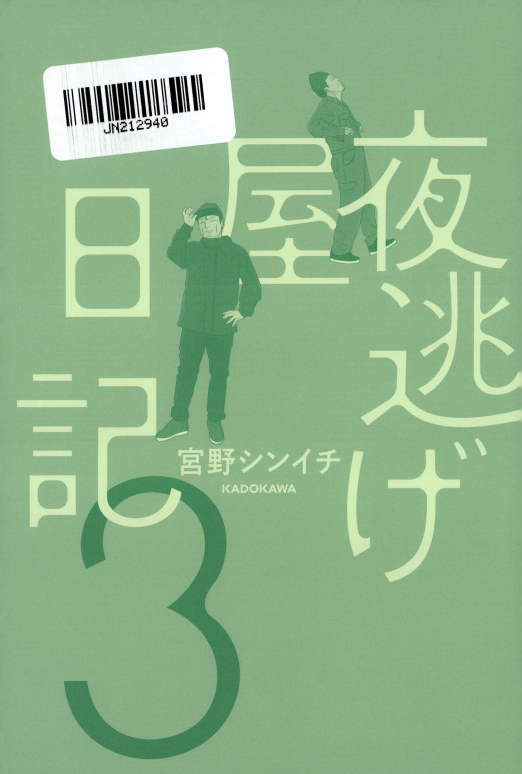

夜逃げ屋

日記

3

目次

社長
夜逃げ屋を取り仕切る女社長。

宮野シンイチ
漫画原作者志望だったが、
連載が取れず夢散ったカメレオン。
夜逃げ屋の取材をして
漫画を描こうとしたところ、
夜逃げ屋で働くことに。

ドラゴンさん
夜逃げ屋のスタッフ。

デンゾウさん
夜逃げ屋のスタッフ。

ジョーさん
夜逃げ屋のスタッフ兼カウンセラー。

ゴリさん
夜逃げ屋のスタッフ。

STAFF

ブックデザイン 鈴木成一デザイン室
校正 向山美紗子
営業 後藤歩里
編集長 山﨑 旬
編集担当 三戸菜々海

夜逃げ屋とは

DVをするパートナーや毒親など
様々な環境から逃げたい人々の
引越しを手伝う業者のことである。

21日目 あるストーカーの話

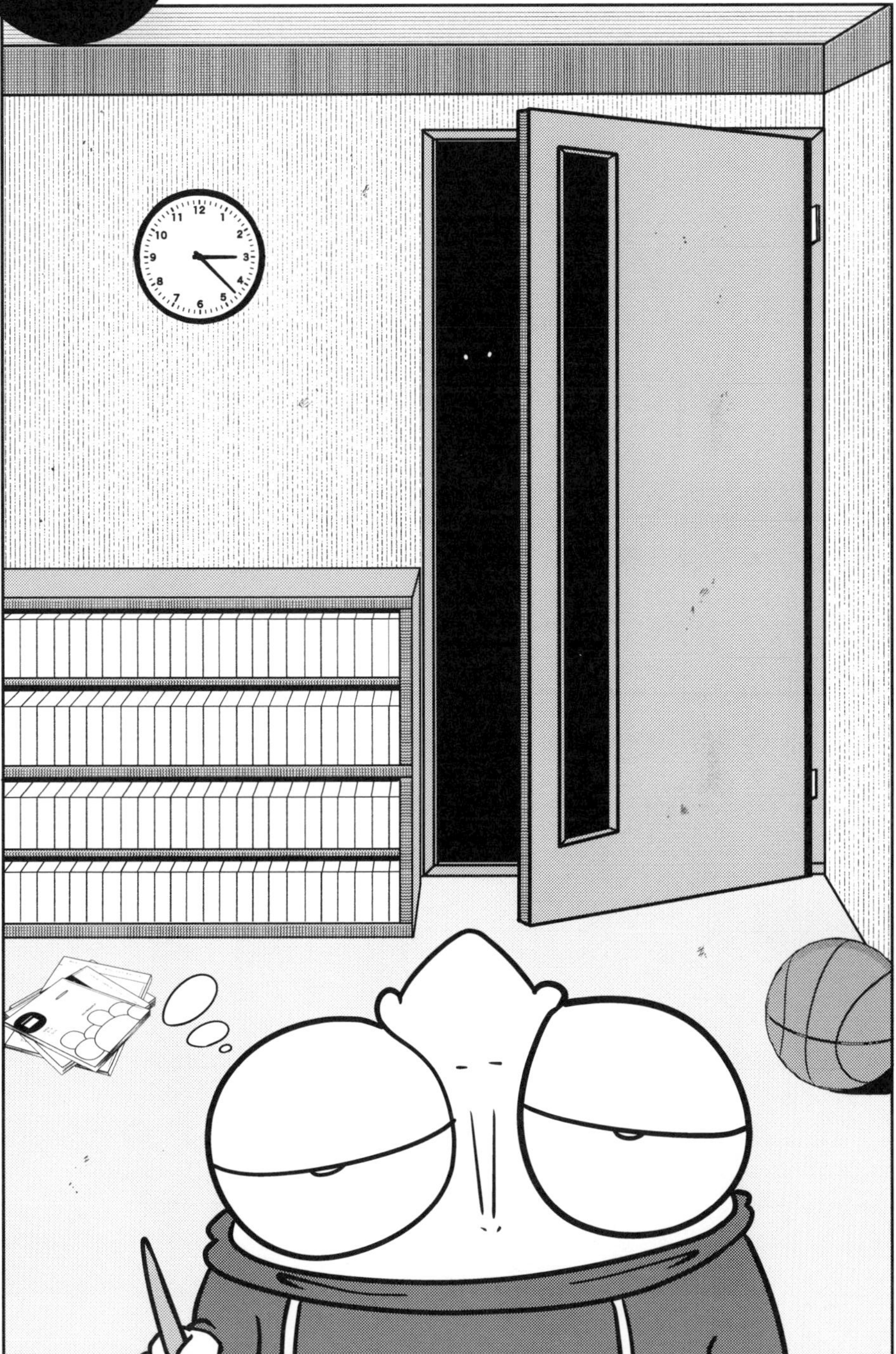

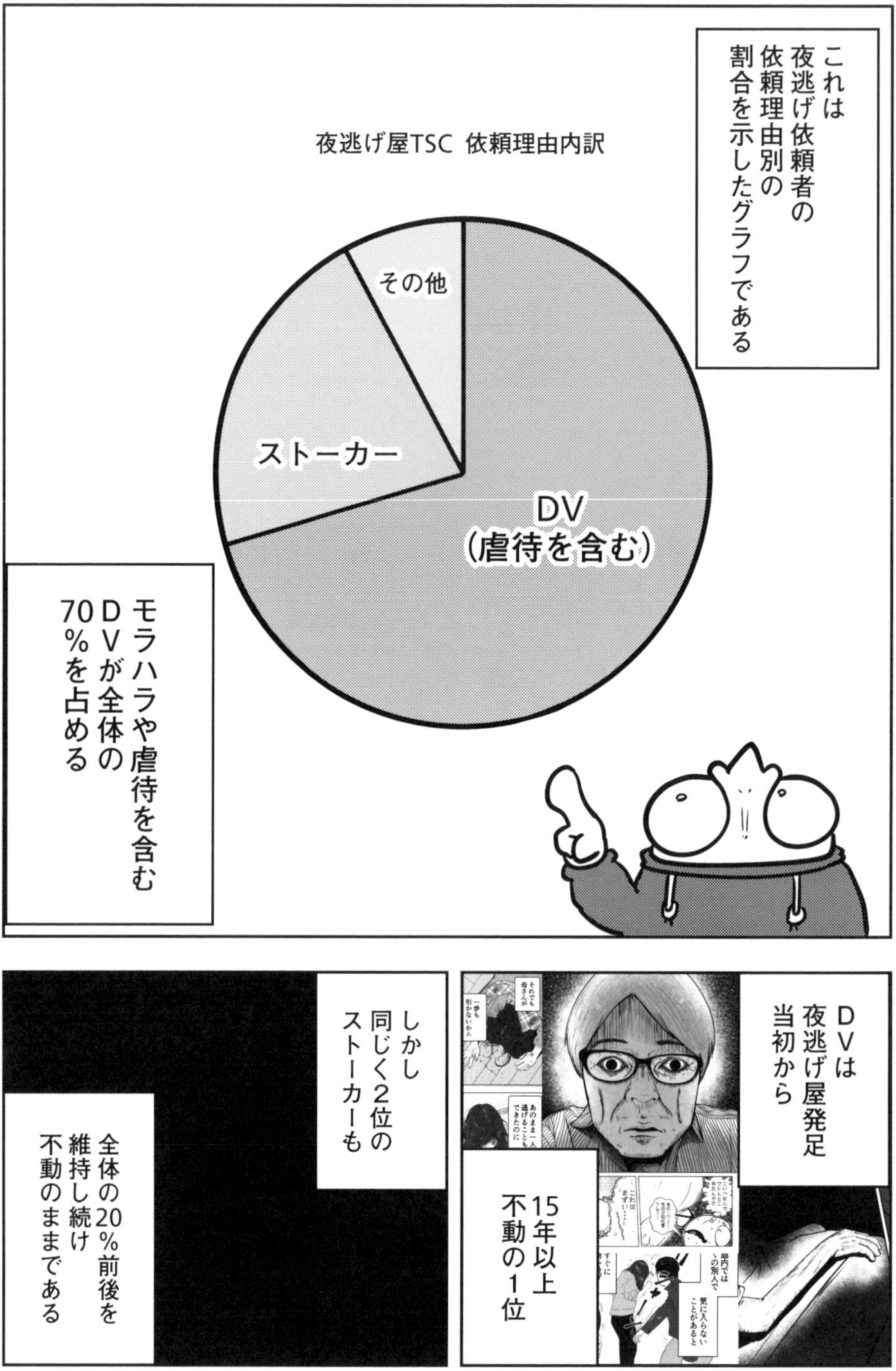
これは
夜逃げ依頼者の
依頼理由別の
割合を示したグラフである
夜逃げ屋TSC 依頼理由内訳
その他
ストーカー
DV
(虐待を含む)
モラハラや虐待を含む
DVが全体の
70%を占める
DVは
夜逃げ屋発足
当初から
15年以上
不動の1位
それでも
母さんが
一歩も
引かないから
あのまま一人
逃げることも
できたのに
これは
まずい…
気に入らない
ことがあると
すぐに
しかし
同じくストーカーも
2位の
全体の20%前後を
維持し続け
不動のままである

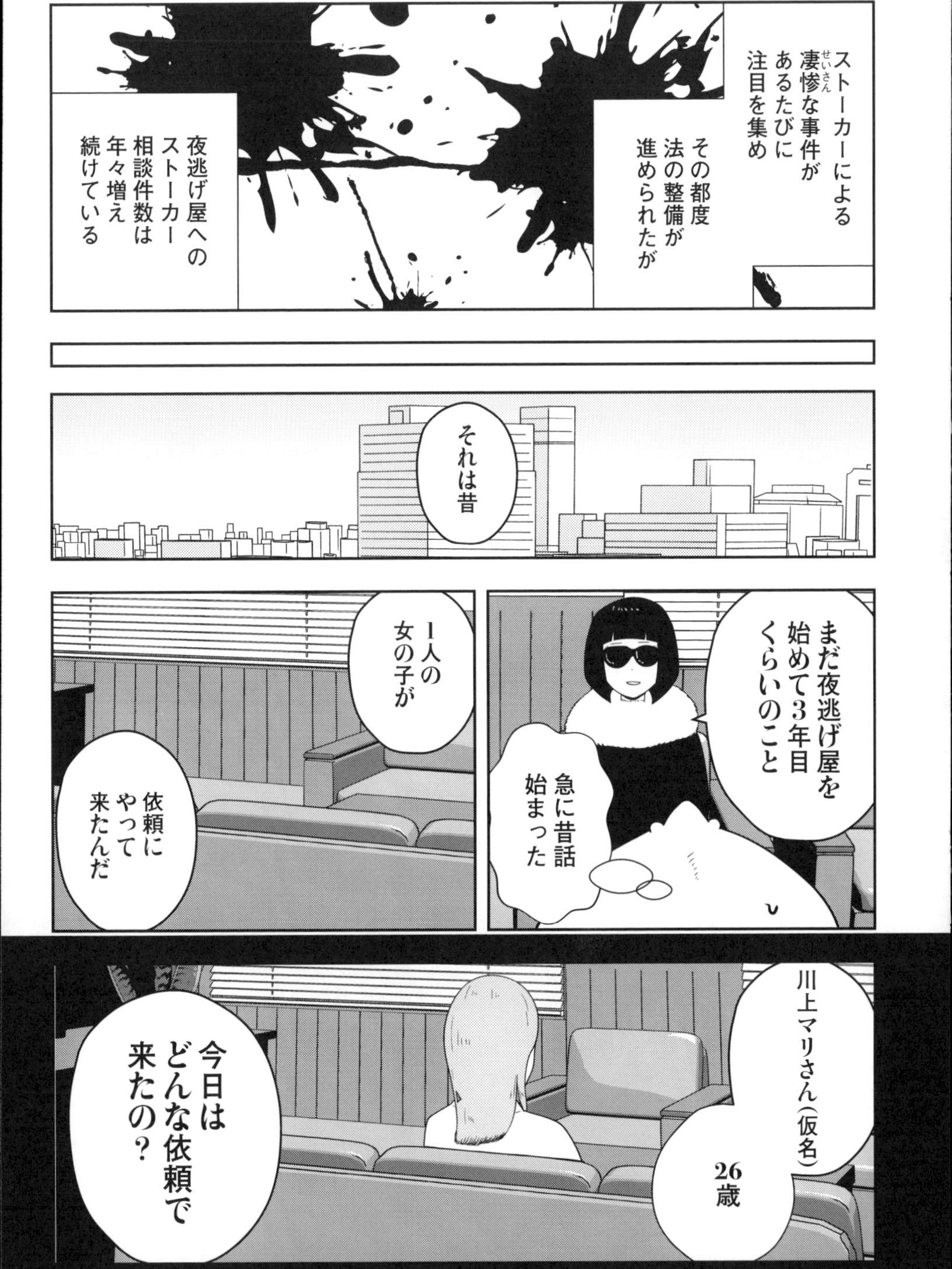
ストーカーによる
凄惨《せいさん》な事件が
あるたびに
注目を集め
その都度
法の整備が
進められたが
夜逃げ屋への
ストーカー
相談件数は
年々増え
続けている
それは昔
まだ夜逃げ屋を
始めて3年目
くらいのこと
急に昔話
始まった
1人の
女の子が
依頼に
やって
来たんだ
川上マリさん(仮名)
26歳
今日は
どんな依頼で
来たの?

私が いない間に…
誰かが 勝手に部屋に 入ってるんです…
最初に違和感を 覚えたのは
半年前で
外出時に 必ず閉めてる カーテンが
仕事から 帰ってきたら ちょっと 開いてて
最初はただの 閉め忘れだって
シャッ
あんまり気に しなかった んですけど

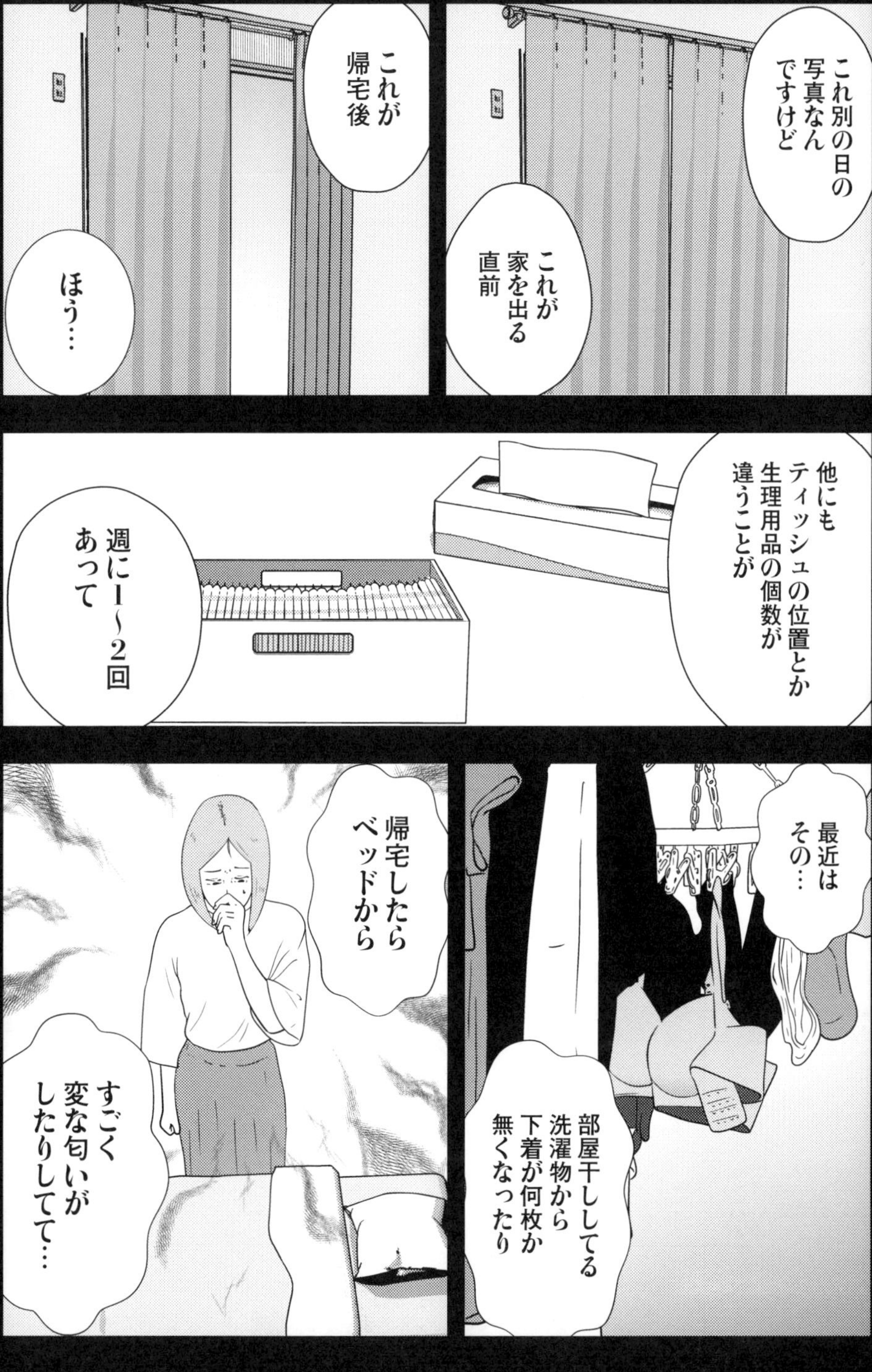
これ別の日の写真なんですけど
これが家を出る直前
これが帰宅後
ほう…
他にもティッシュの位置とか生理用品の個数が違うことが
週に1～2回あって
最近はその…
部屋干ししてる洗濯物から下着が何枚か無くなったり
帰宅したらベッドから
すごく変な匂いがしたりしてて…

誰かにそうだん相談したりした？
はい…
会社の同僚とか上司に
あんたそりゃ勘違いよ！
同僚 富子
私もこの前パンティー無くしたけど
ベッドの下から出てきたの！しかも3枚！
僕がついてるから
心配しないで！
同僚 槍杉
怖かったらウチ来る？
あ！僕が行こうか？泊まってあげるよ
働き詰めで疲れてるんじゃない？
店長 和夫
ちょっと仕事休んだら？

特に実害は出てないですし
勘違いだと思いますよ
仕事を早退して犯人を突き止めようとしても
そういう日に限って何もないし
やっぱり私の勘違いなのかな…
うーん…
ガチャ
ガチャ
鍵は壊れてない

この子の話が本当なら
ストーカーは部屋に入ってる
ピッキングか？いや…
毎回毎回ガチャガチャやってたら怪しまれるか
後学のために何か掴めるかと思ったんだけどな…
うーん
！
同じ敷地にある隣の家は？
アパートの管理人さんの家です…
おばちゃんが1人で住んでます

す…
ストーカー？
そっりゃあ
大変だったわね
は…はい
ちょっと
私も気を付けて
見るように
するわね！
でももう
引越ししようと
思ってて
引越しって…
そんな
あんただけの
意思で決めちゃ
だめでしょ？
え？
だって
ほら

婚約者はなんて言ってるの？
・・・
？
結婚するの？
おめでとう…？
いやいや…
彼氏すらいません

？
半年くらい前
菓子折り持って
挨拶に来たわよ
あんたの
彼氏さん
さっきから
なんの話
してるん
ですか？
まだ籍は
入れてないけど
同棲を始めたから
予備の鍵を
貸して欲しい
って
住民票
世帯主
住所
氏名
続柄
世帯主
性別
生年月日
前住所
本籍
筆頭者
備考
あんたと
同じ住所の
住民票持って

…？
どういうことですか？
住民票って市役所行けば
住民票
案外 簡単に書きかえられるんだ
そのストーカーは
自分の住所を依頼者と全く同じ住所に書きかえて
同棲してるって偽って
管理人から鍵を借りて
それを複製して
ずっと出入りしてたってわけ
それはつまり…
そう

依頼者とストーカーは
同じ部屋に住んでることになってたわけ
気持ちわるぅ
これ以上の詳細は
危険なため 控えさせていただきます。
まぁ その後は…
そろ
そろ
ガチャ
キィ…

ウェイ！
え？
ガバッ
ぐあっ
あがぁっ
ドドッ
ガ
オラァ！
捕まえたぞ！

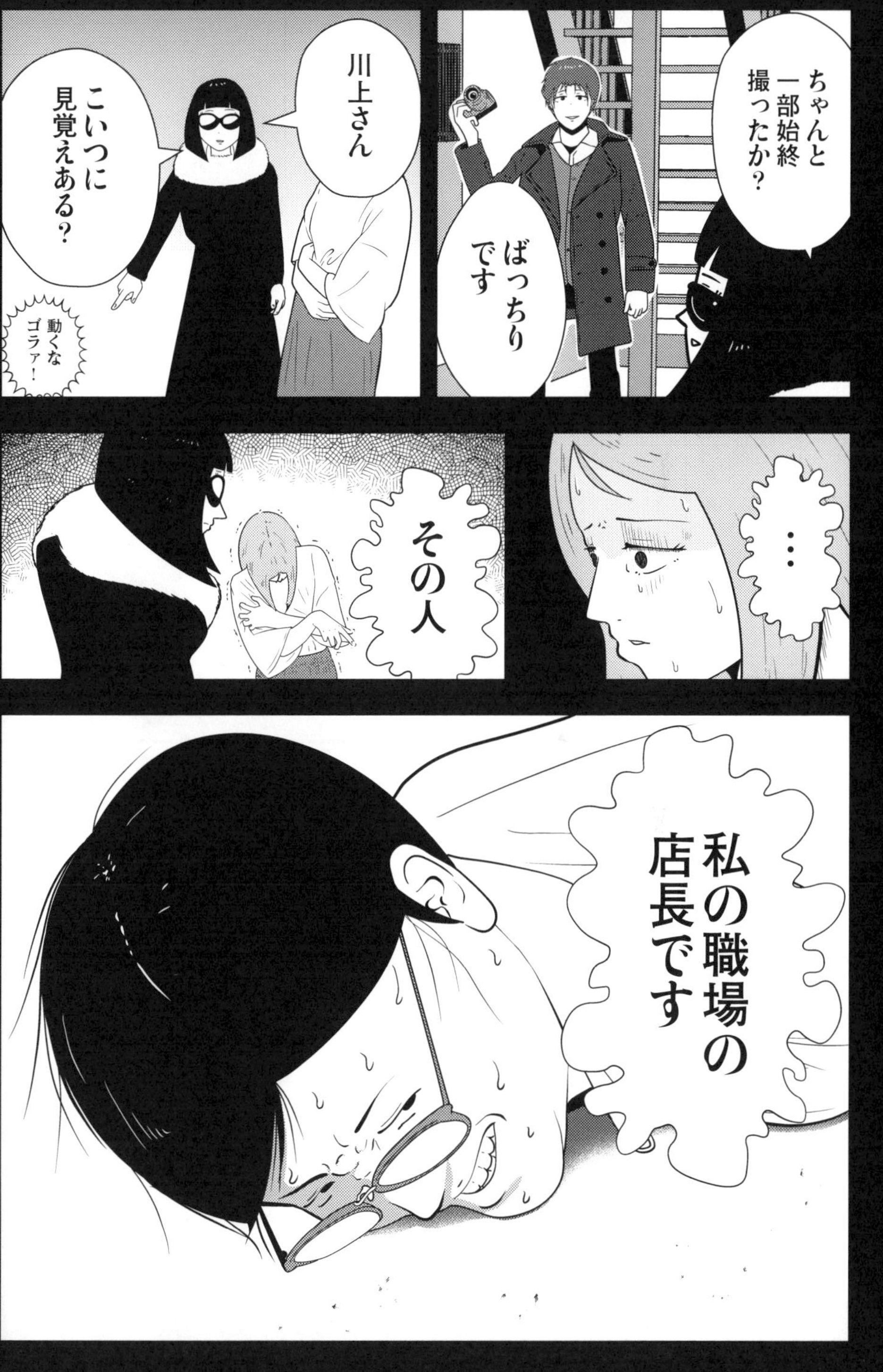
ちゃんと一部始終撮ったか？
ばっちりです
川上さん
こいつに見覚えある？
動くなゴラァ！
…
その人
私の職場の店長です

その後は警察呼んで逮捕
ただ取り調べの中でその店長に余罪が発覚してな
POLICE
過去に同じ手口で別の女性従業員をストーカーした後
最終的に部屋で待ち伏せして暴行してたんだ
放っておいたら同じ目に合ってたかもしれないってことですか…
というか管理人のおばさんが
鍵を渡さなければここまでのことにはならなかったんじゃ
まぁ普通鍵渡す時現住者に1回確認取るわな
ストーカー案件の中でもかなりのレアケースだけど
さっきから
なんの話してるんですか？
まだ籍は入れてないけど同棲を始めたから
住民票
あんたと同じ部屋の住民票持って
これと同じようなケースを
別で2件受けたことがある

対策としては簡単なものでもいいから
【夜逃げ屋 豆知識】
付けておくだけでも警戒心をアピールできるから防犯にもなってグッドだよ！
鍵をもう1つ自分で取り付けて二重ロックにするのがおすすめだ
ん？どうしたシンイチ
キモチわるい…
いや 気分悪くなって
てかなんでこんな話をいきなり…
お前が次に入る夜逃げの現場
ストーカーだから
あぁ
マジか…

END

22日目 誠意ある対応

今回の夜逃げ依頼者は
町田カオルさん(仮名)28歳
都内のマンションで1人暮らしをしてる
元カレとはなんで別れたんですかね？
酒グセ悪いパチンカスなんだとさ
あーなるほど
何度話し合っても改善しないから愛想尽かして
半ば強引に別れたんだけど
メールや電話で泣きついてきて
何度も家に押しかけてくるから引越したらしいんだ

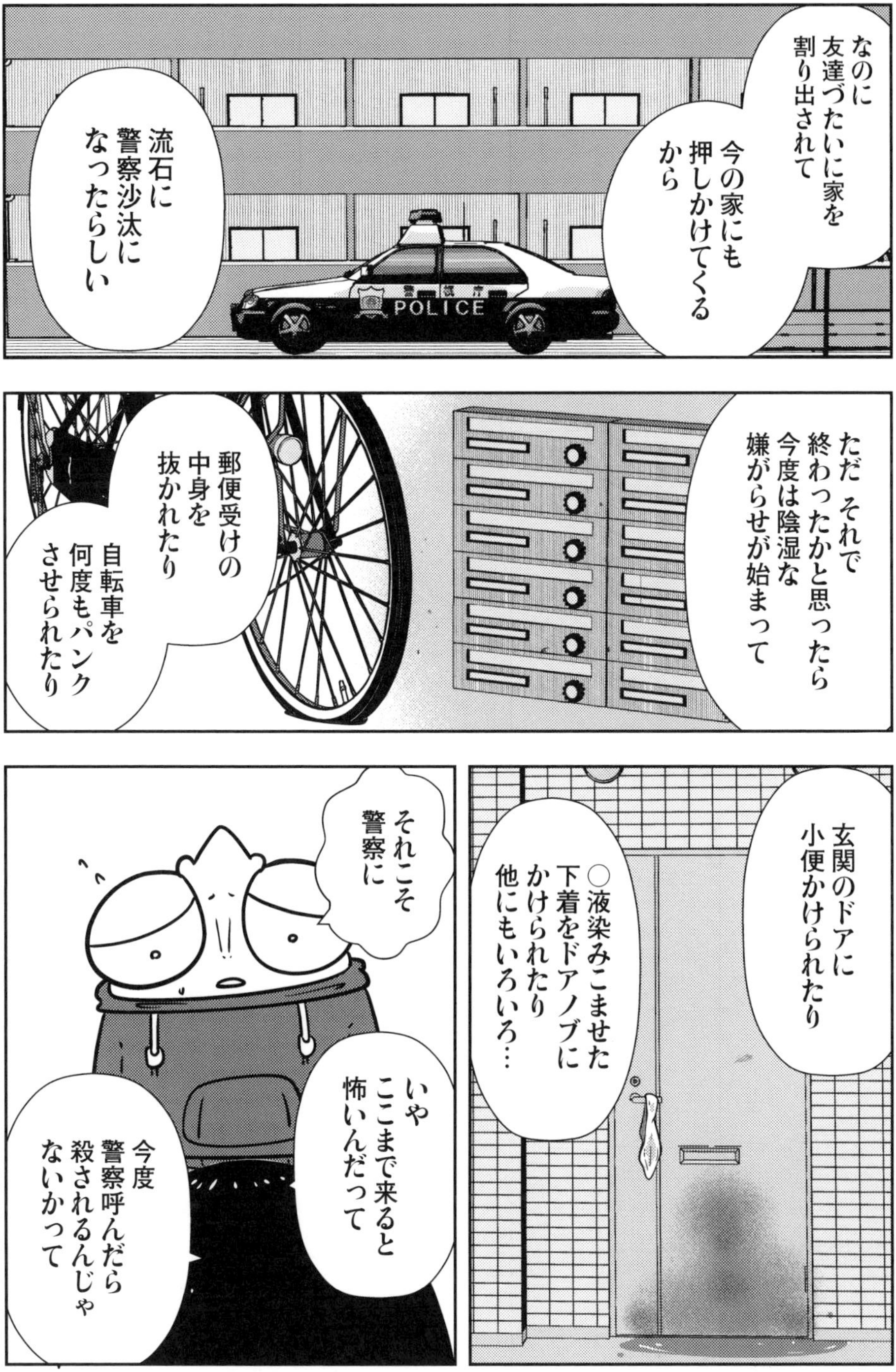
なのに
友達づたいに家を
割り出されて
今の家にも
押しかけてくる
から
警視庁
POLICE
流石に
警察沙汰に
なったらしい
ただ それで
終わったかと思ったら
今度は陰湿な
嫌がらせが始まって
郵便受けの
中身を
抜かれたり
自転車を
何度もパンク
させられたり
玄関のドアに
小便かけられたり
○液染みこませた
下着をドアノブに
かけられたり
他にもいろいろ…
それこそ
警察に
いや
ここまで来ると
怖いんだって
今度
警察呼んだら
殺されるんじゃ
ないかって

ストーカーの案件の難しさってのは
加害者の動きが予測しづらいことにある
夜逃げ中ばったり鉢合わせる可能性も十分あるからな…
ストーカーの案件に限った話じゃないけど
愛する人が目の前から消えてしまぅくらいなら
いっそ自分の手で殺してしまおぅって考える加害者はいくらでもいる
つまり夜逃げ中こいつを見かけたら命の危険があるってことだ
そぅいぅ危険性を踏まえてこの画像を見せてる
しっかり覚えろ

ここの
603号室です
これそっち置いといて
はい
ぞろ
ぞろ
ピンポーン
はい すぐ いきます
よろ～

誰だよ！
ガチャ
どうぞ入ってください
お前が先頭かい
ぐいーっ
社長！あれ誰すか⁉

あいつの名前はズラたん
ズラッ…
夜逃げ屋じゃないぞ
なおのことなんでいるんだよ
カチャ
盗撮器や盗聴器を発見する
ジー
プロの業者さ
最近 その手の機械ってのは
素人じゃ簡単には発見できないレベルまで進化してんだ
だから気になる依頼者には
ズラたんを紹介してる
ちなみにズラたんの会社は私の会社だから安心してくれ
※ズラたんの出張費用等は別途かかります
30分後
どうだ？ズラたん
問題なさそうずら

帰るずら
ズラたん…
ということで
後日会いました
どうも〜!!
ズラたんさんワシのこと覚えてます？
ワチキのことをめちゃくちゃ不審な目で見てたクソガキ
あ それなら忘れてて欲しかったな
話をそらしたな…
盗撮器とか盗聴器って
最近はどんなのがあるんですか？
有名なのだとペン型とか充電器型
コンセント型色々あって説明しきれないずら

まぁでも夜逃げの仕事で比較的多いのは
GPSずら
GPS?
正直 家の中に入って機械を取りつけるのって
そこそこ難易度高いずら
だから外出中の対象者のカバンに
こっそり入れるんずら
まぁ形は色々あるけど
こういう小さいやつずら
ジャラッ
えー でもこんなの
カバンに入ってたら気づきません?

お前は そのリュックの 中身を今ここで
全部 完璧に 言えるずら?
えっと ノート2冊と 読みかけの 小説…
筆記用具 目薬にヨーヨー ハンカチ…
ん? 待てよ? ハンカチずっと 入れっぱなし?
ぼやあぁ
洗濯して その後…てか 洗濯したか?
すみません あんま自信 ないです
うんうん
大体 そんなもん ずら
頻繁にカバンの中を 全部ひっくり返して
毎日こと細かく チェックする人間は そういないずら
しかも このサイズ
何ヵ月も 気づかん人は ざらにいるずら

ちなみに最近のは精度も高いから1回入れられたら
位置情報から行動をかなり把握されてしまうずら
こわ〜
予防策とかあるんすか？
まずカバンの開け口がチャックだと入れづらいずら
あとは定期的にカバンの中をしっかりチェックすることずら
こういうのは周りに気にしすぎって笑われても気にしない
ちょっと警戒心強いくらいがちょうどいいずら
ズラたん講座おしまい
みんなも気をつけるずらよ

ズーーン…
どんより…
ムムム…
目に見えて疲弊《ひへい》してるな…
ビクッ
ガタッ

ガタッ
よいしょっと…
デンゾウ
これ頼む
はーい
はぁ…
大丈夫？
早く普通の生活に戻りたいです…
ゆっくりやってこう
できることはなんでもやったげる！
ポンッ
…
先日、ポストに手紙が入ってたんです
差出人は書いてなかったけど…

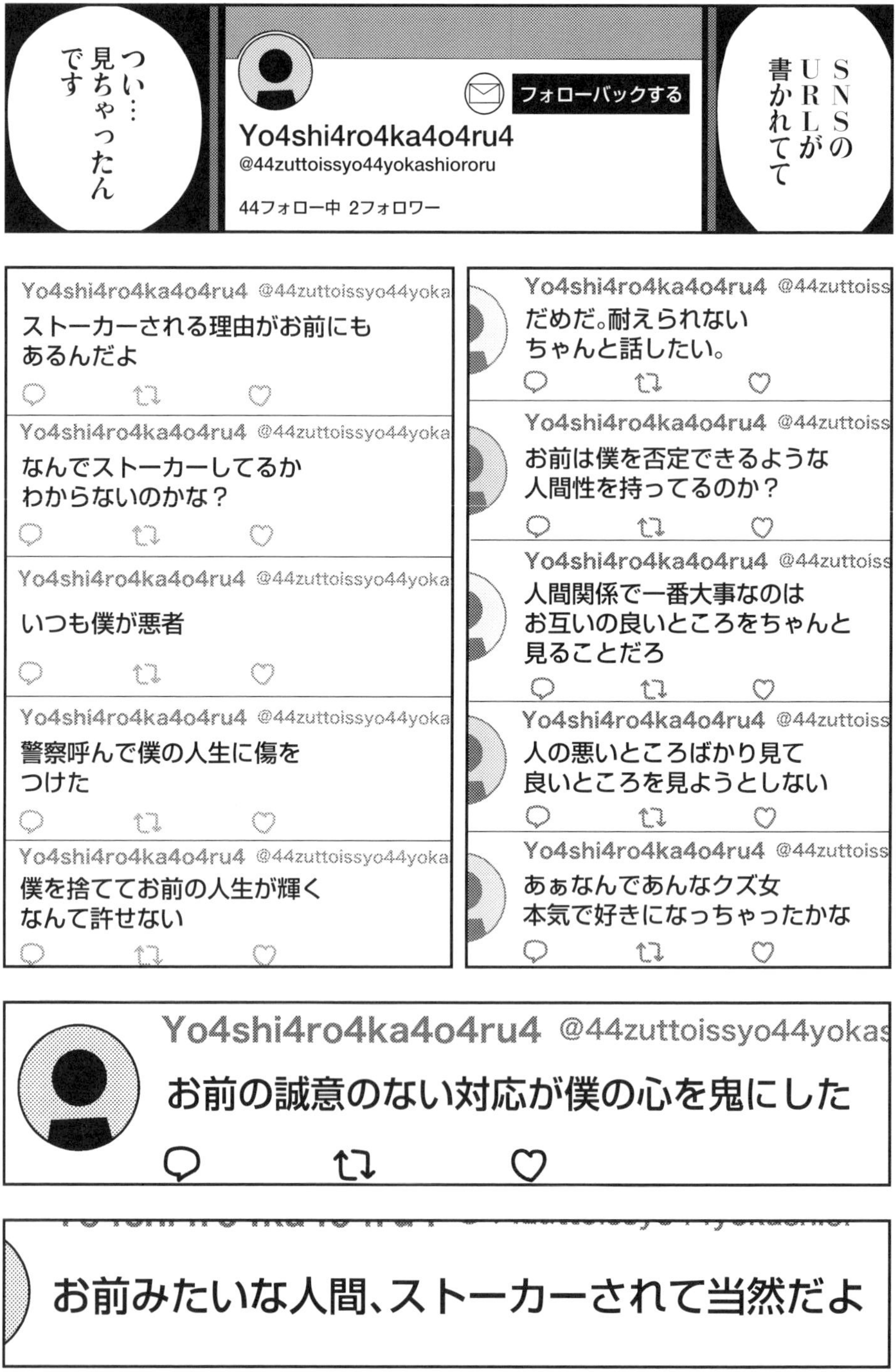
SNSのURLが書かれてて
フォローバックする
Yo4shi4ro4ka4o4ru4
@44zuttoissyo44yokashiororu
44フォロー中 2フォロワー
つい…見ちゃったんです
Yo4shi4ro4ka4o4ru4 @44zuttoiss
だめだ。耐えられない
ちゃんと話したい。
Yo4shi4ro4ka4o4ru4 @44zuttoiss
お前は僕を否定できるような
人間性を持ってるのか？
Yo4shi4ro4ka4o4ru4 @44zuttoiss
人間関係で一番大事なのは
お互いの良いところをちゃんと
見ることだろ
Yo4shi4ro4ka4o4ru4 @44zuttoiss
人の悪いところばかり見て
良いところを見ようとしない
Yo4shi4ro4ka4o4ru4 @44zuttoiss
あぁなんであんなクズ女
本気で好きになっちゃったかな
Yo4shi4ro4ka4o4ru4 @44zuttoissyo44yoka
ストーカーされる理由がお前にも
あるんだよ
Yo4shi4ro4ka4o4ru4 @44zuttoissyo44yoka
なんでストーカーしてるか
わからないのかな？
Yo4shi4ro4ka4o4ru4 @44zuttoissyo44yoka
いつも僕が悪者
Yo4shi4ro4ka4o4ru4 @44zuttoissyo44yoka
警察呼んで僕の人生に傷を
つけた
Yo4shi4ro4ka4o4ru4 @44zuttoissyo44yoka
僕を捨ててお前の人生が輝く
なんて許せない
Yo4shi4ro4ka4o4ru4 @44zuttoissyo44yokas
お前の誠意のない対応が僕の心を鬼にした
お前みたいな人間、ストーカーされて当然だよ

私の対応が悪かったから…
なんだそれ
大概ストーカーってのは
距離感がバグってんだよ
優しくしたらつけあがってもっとストーカーしてくるくせに
突き放したら相手のせいにしてキレ散らかす
誠意ある対応が出来てないのは相手の方だろ
気にすんなあんたは悪くないよ
ありがとうございます
ワシだったら好きな子に嫌って言われたら
すぐ諦めるけどな
ガチャ
そこまで人を好きになったことがないだけかな？
恋愛って難しいな

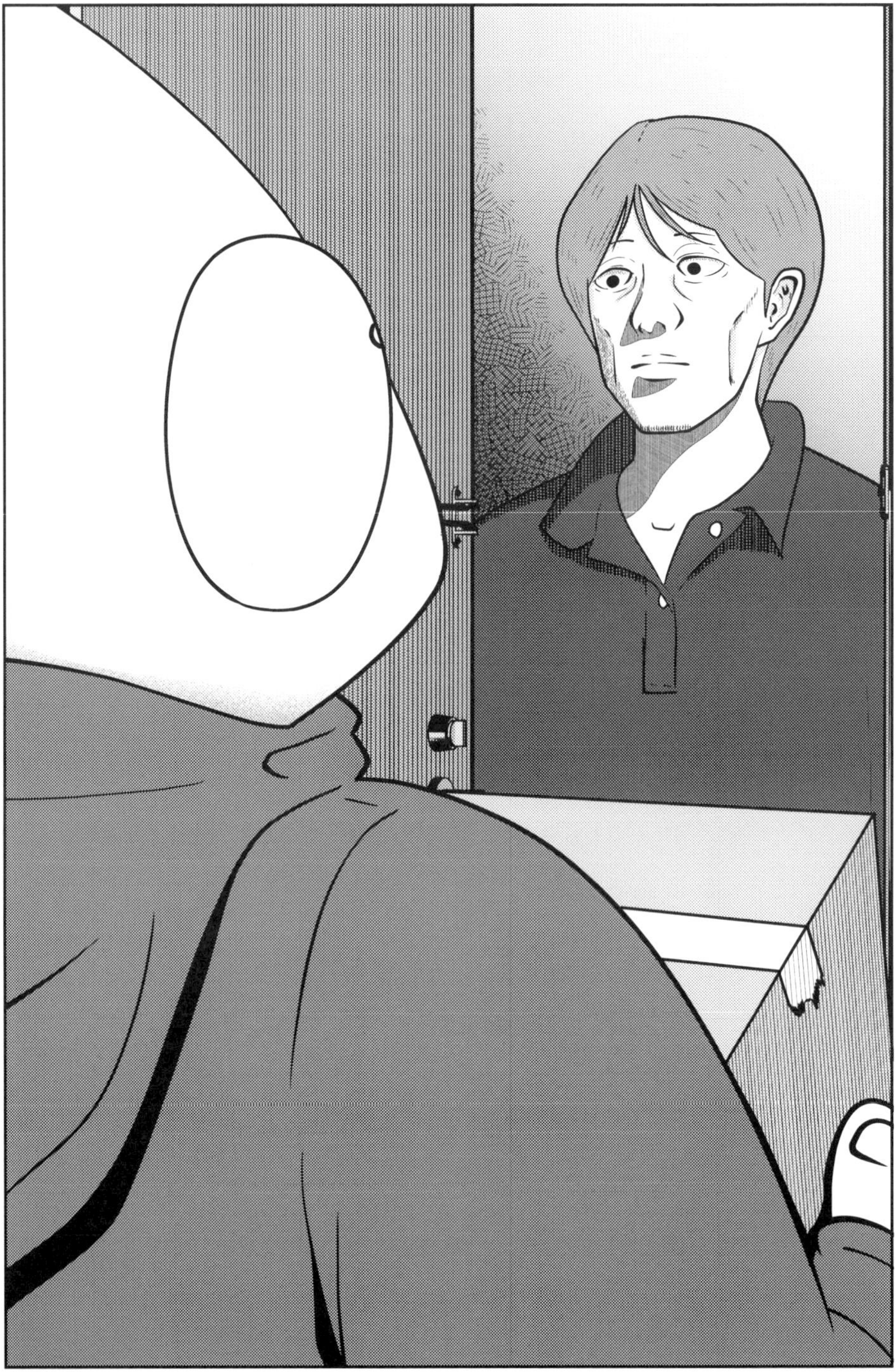

END

23日目 終わらせないこと

なんで…
ガッ
バァーン
ガチャ
バチッ
警察呼べ！
早くしろ！
あわわ
ちっ！

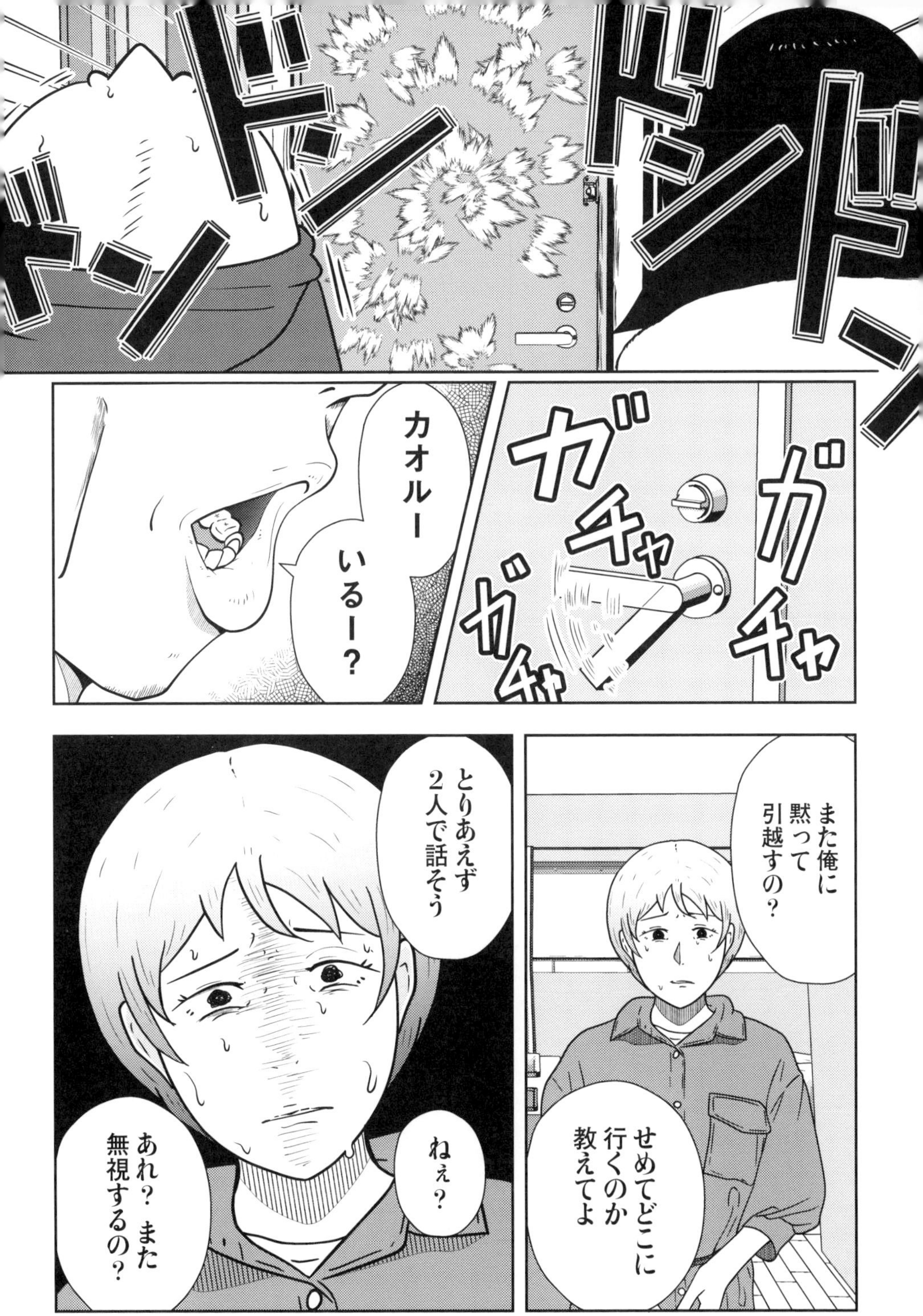
ドンドン
ドン
ドン
ガチャガチャ
ガチャガチャ
カオルー
いるー？
また俺に黙って引越すの？
せめてどこに行くのか教えてよ
とりあえず2人で話そう
ねぇ？
あれ？また無視するの？

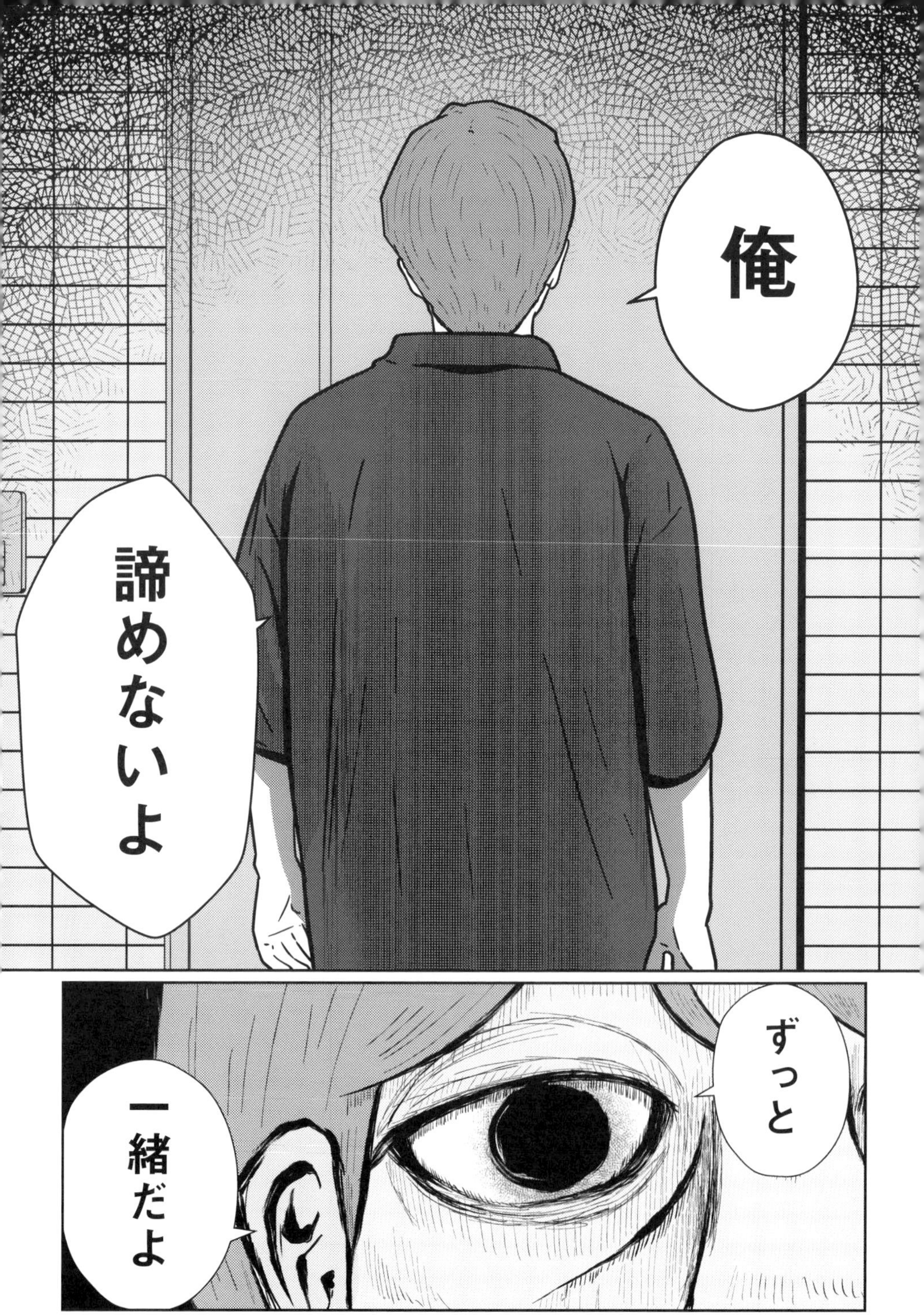
俺
諦めないよ
ずっと
一緒だよ

あ！パトカー
触ってもいいかな？

ブル
ブル
ブル
気持ち悪い
なんであいつがいるの？
DVや虐待からの夜逃げなら加害者と生活を共にしていることが多いから
行動パターンがある程度予測できるけど
ストーカーはそうはいかない
これぱかりは運が悪すぎる

失礼します町田カオルさんはどちらですか？
……町田さん？
あ…はい！
あの男性との関係ってお聞きしてもいいですか？
付き合ってたけど…今は他人です
…なるほど
な…何か言われたんですか？
自分は別れたつもりはないから
交際は継続中だと言ってますね
…他には何か…
うーん実は…
別れるなら金を払って欲しいとかなんとか
はぁ？

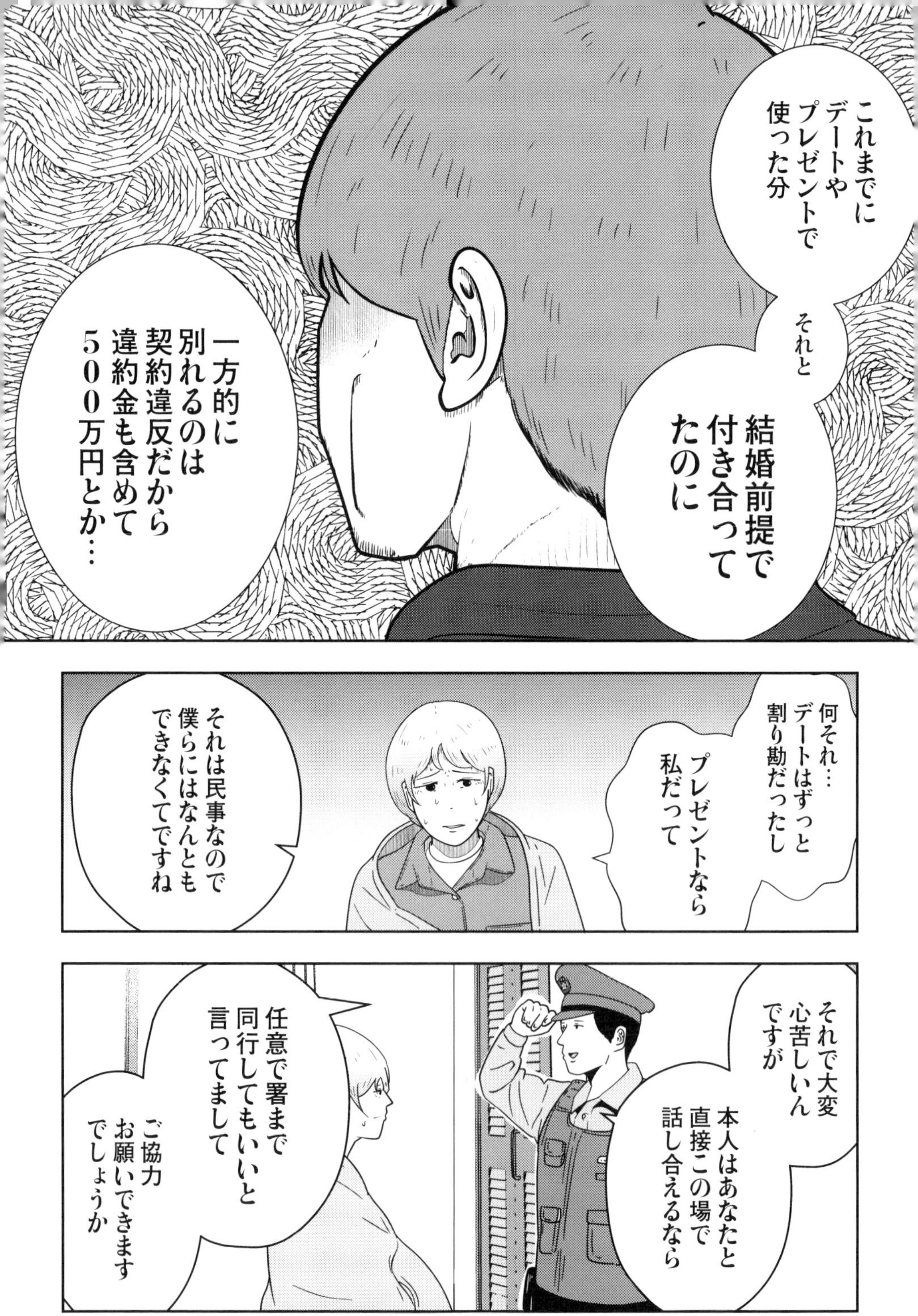
これまでに
デートや
プレゼントで
使った分
それと
結婚前提で
付き合って
たのに
一方的に
別れるのは
契約違反だから
違約金も含めて
５００万円とか…
何それ…
デートはずっと
割り勘だったし
プレゼントなら
私だって
それは民事なので
僕らにはなんとも
できなくてですね
それで大変
心苦しいん
ですが
本人はあなたと
直接この場で
話し合えるなら
任意で署まで
同行してもいいと
言ってまして
ご協力
お願いできます
でしょうか

そんな…
直接話すなんて…
無理です…
お気持ちは
わかるんですが
我々が横に…
おい
あんたら
一体全体
どっちの
味方なんだよ
いや我々は
中立の立場で…
過去データを
ちゃんと
見てくれ
数ヵ月前に あいつの
ストーカー行為が原因で
警察を介入させたことが
あるはずだろ
半ば強引に
別れたんだけど
ルや電話で
きついてきて
何度も家に
押しかけてくる
から引越した
らしいんだ
ただ、それで
終わったかと思ったら
今度は陰湿な
嫌がらせが始まって
なのに
友達づたいに家を
割り出されて
今の家にも
押しかけてくる
から
流石に
警察沙汰に
なったらしい
あいつの
言ってること
いちいち真に受けて
ウチの依頼者を
ビビらせるってのは
どういう了見だ

もういい どいてくれ！
グイッ
私が直接 あいつと話をつける
ちょちょちょ 待ってください
あなたが行くと もっとややこしく なりそう！
バッ
こちらで もう少しだけ 話してみるので！
だったら 早くしてくれ！
え？ あの… 引越し 業者の方 ですよね？
夜逃げ屋だ
な… なにそれ…
ジョー氏いわく
ストーカーが 金銭を…
まぁ ストーカーの 案件では よくある話 みたいですよ
え… そうなん ですか？

シンちゃんの遭遇したストーカーと直接話したわけではないですし
あくまで私の体験談ですよ？
はい
元交際相手の女性に対して何年も執拗《しつよう》に多額の金銭を要求して
脅迫罪で逮捕された元ストーカーをカウンセリングしたことがありまして
その時興味本位で聞いてみたんです
もし本当に相手がお金を全額払ったら
それで素直に諦めたの？ってね

彼は少し考えて
そうっすね
まず…驚きます払えないと思う金額を要求したんで
ただ…
それで彼女を諦めることは絶対ないね
また別の方法を考えて 彼女にしがみつくよ

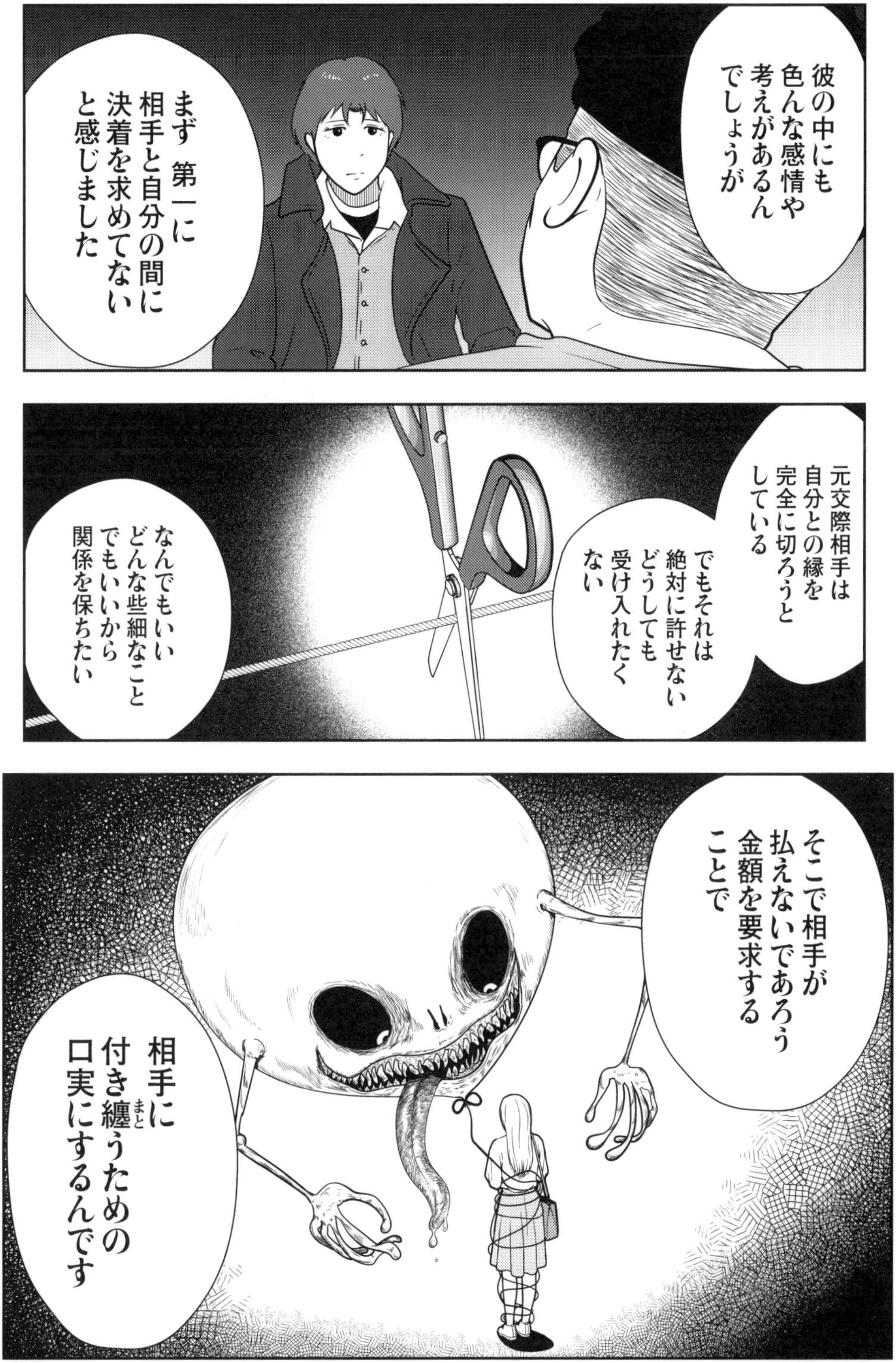
彼の中にも色んな感情や考えがあるんでしょうが
まず 第一に相手と自分の間に決着を求めてないと感じました
元交際相手は自分との縁を完全に切ろうとしている
でもそれは絶対に許せないどうしても受け入れたくない
なんでもいいどんな些細なことでもいいから関係を保ちたい
そこで相手が払えないであろう金額を要求することで
相手に付き纏《まと》うための口実にするんです

ここのミソは あくまで 自分は被害者で 払わない相手を 加害者にすること
そのほうが自分の ストーカー行為を 正当化しやすい ですからね
でもお金を 全額払っても ストーカーは やめない？
まぁそれが 目的じゃない ですから
永遠に 終わらない じゃないですか
終わらせない ことが目的 ですからね
無敵やん
もし ストーカーが 突然 目茶苦茶な 金銭要求を始めたら もう顔を合わせたら ダメです
一度でもまともに 取り合うと そこを 糸口にして執拗に 付き纏って きますから

やばいと感じたらすぐに
警察に相談しよう！

時刻は昼の
12時半
当初の予定では
朝のうちに
搬出を終えて
夕方には
引越しが完了して
いるはずだった
どうしよう
これじゃ
搬出すら
できないぞ…
ピピピピ
もしもし
お疲れ様です

誰ですか？
ウチの受付担当やろ
今 移動中ですか？
まだ搬出も終わってない
ええ!?
なんだよ？
実は緊急で20代の姉妹を
父親の虐待から夜逃げさせる依頼がきてまして
今 ドラゴンを向かわせてるんですが
ヴォオ
オオ
できればそっちから1人手配できませんか？
カメレオンは？
…彼って1人分にカウントできます？
0.3人分だな

デンゾウ
今から言う
住所に向かえ
了解です
シンイチ君
ポムッ…
しっかりな
そこから
さらに1時間
状況は動かず
いつ終わるのかと
ワシらも
ピリピリしていた
特に依頼者さんの
精神的な疲労は
言うまでもなく
当時素人だった
ワシから見ても
限界だったと思う
もう
我慢ならん
私が直接
話をつける
俺も
行きます
ぐぅ
うぅぅ
これ以上は
腹が減って
死ぬ…っ!

バァン
ドドド
これ以上
長引くなら
時給もらうぜ
ストーカー
さんよ
ド
時給1億だ！
ちくしょう！
1億て…

仕事になんねぇんだよ！
ちょっとお姉さんもう少し待って…
もう十分待ったろうが
いいかげんこっちの言い分も
き…
え

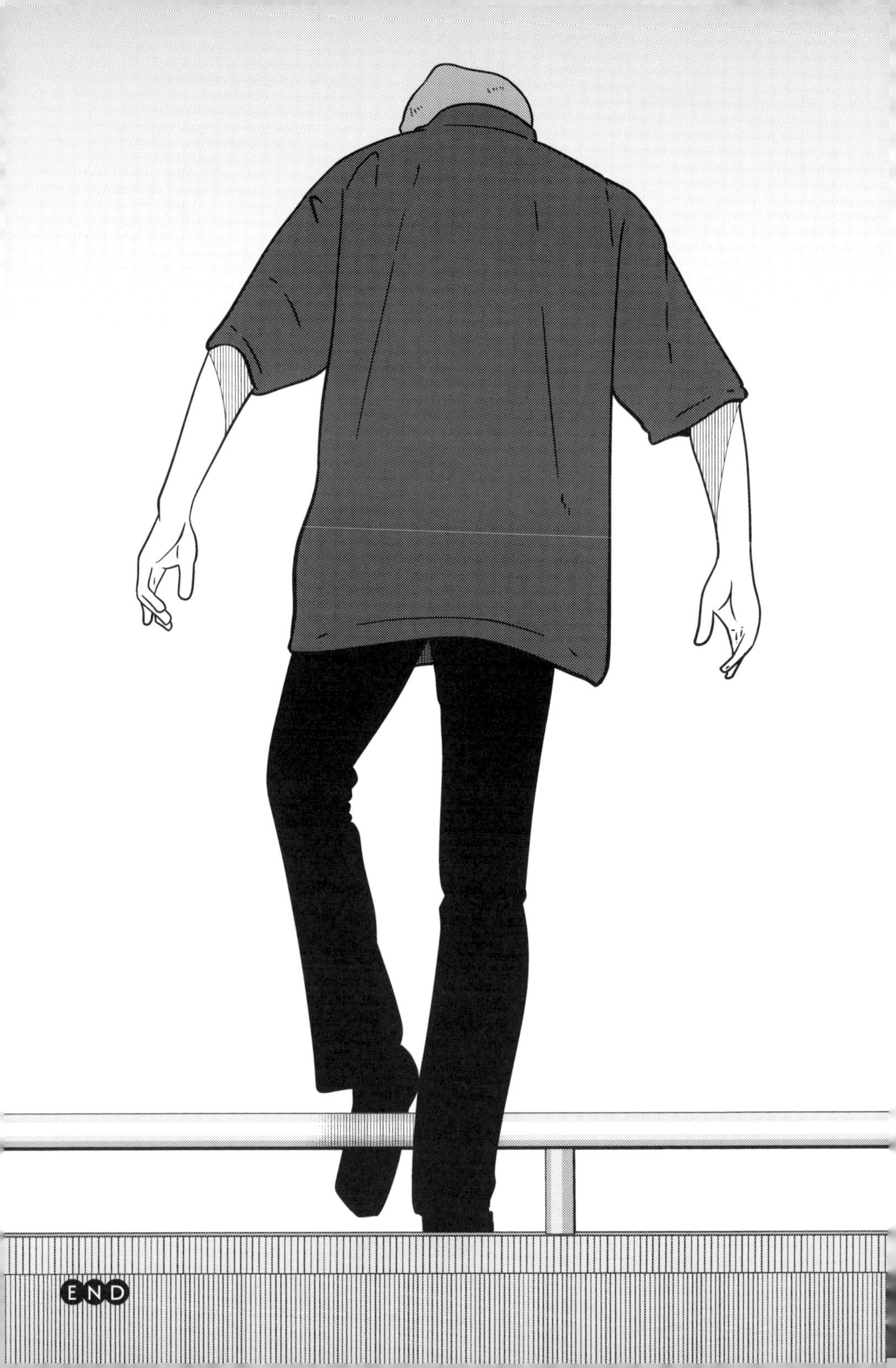
END

24日目 人間の原点

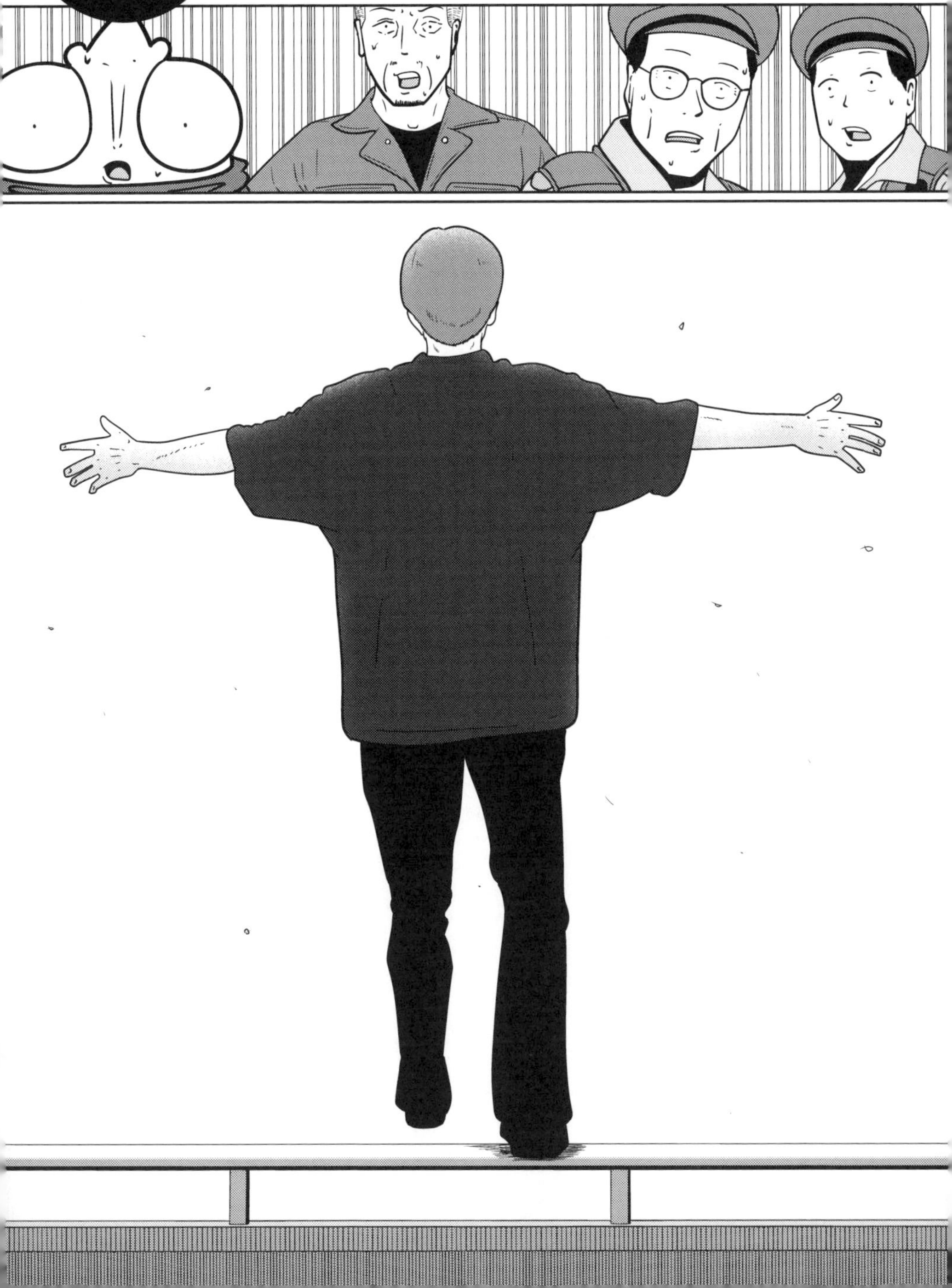

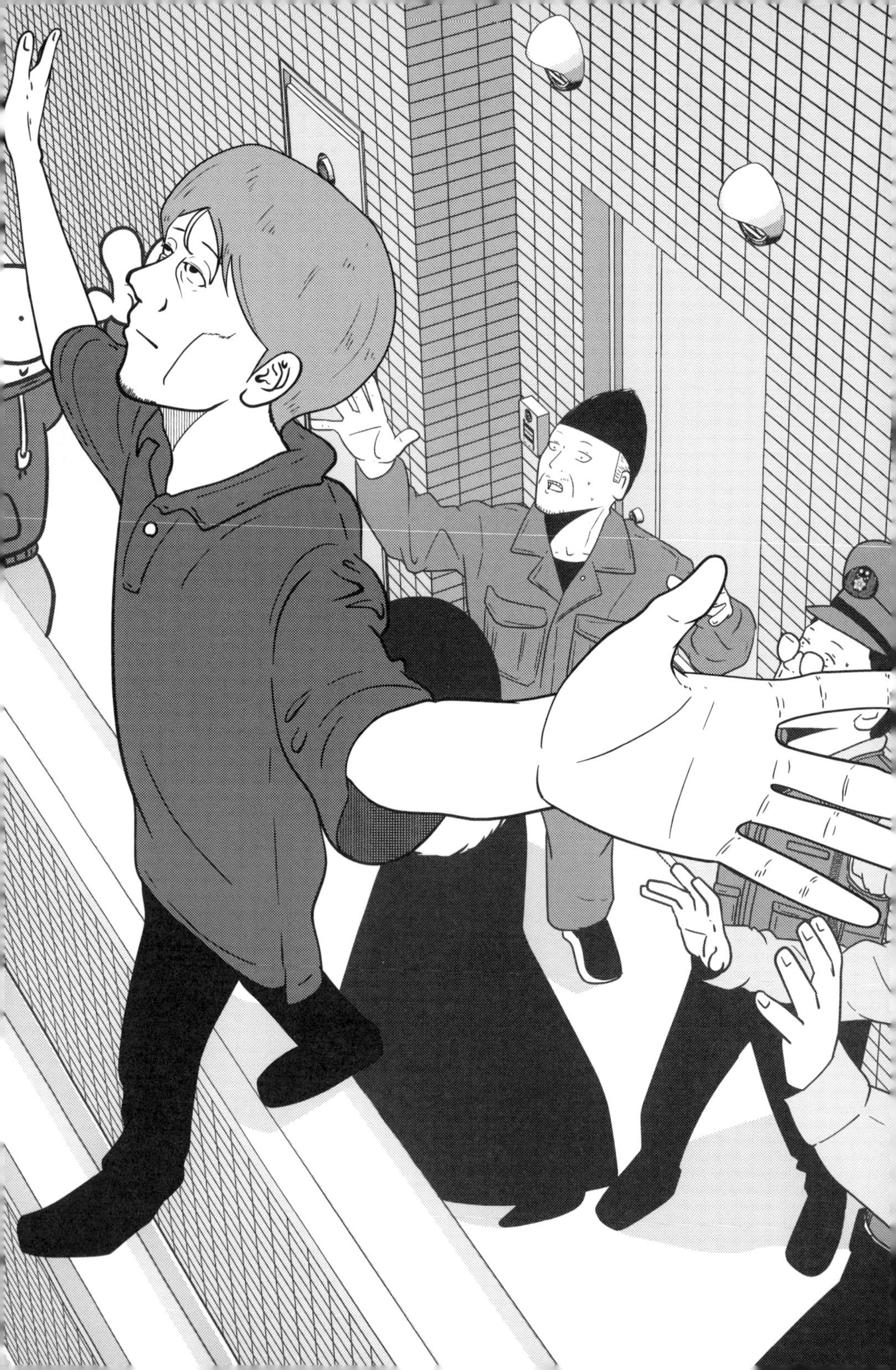

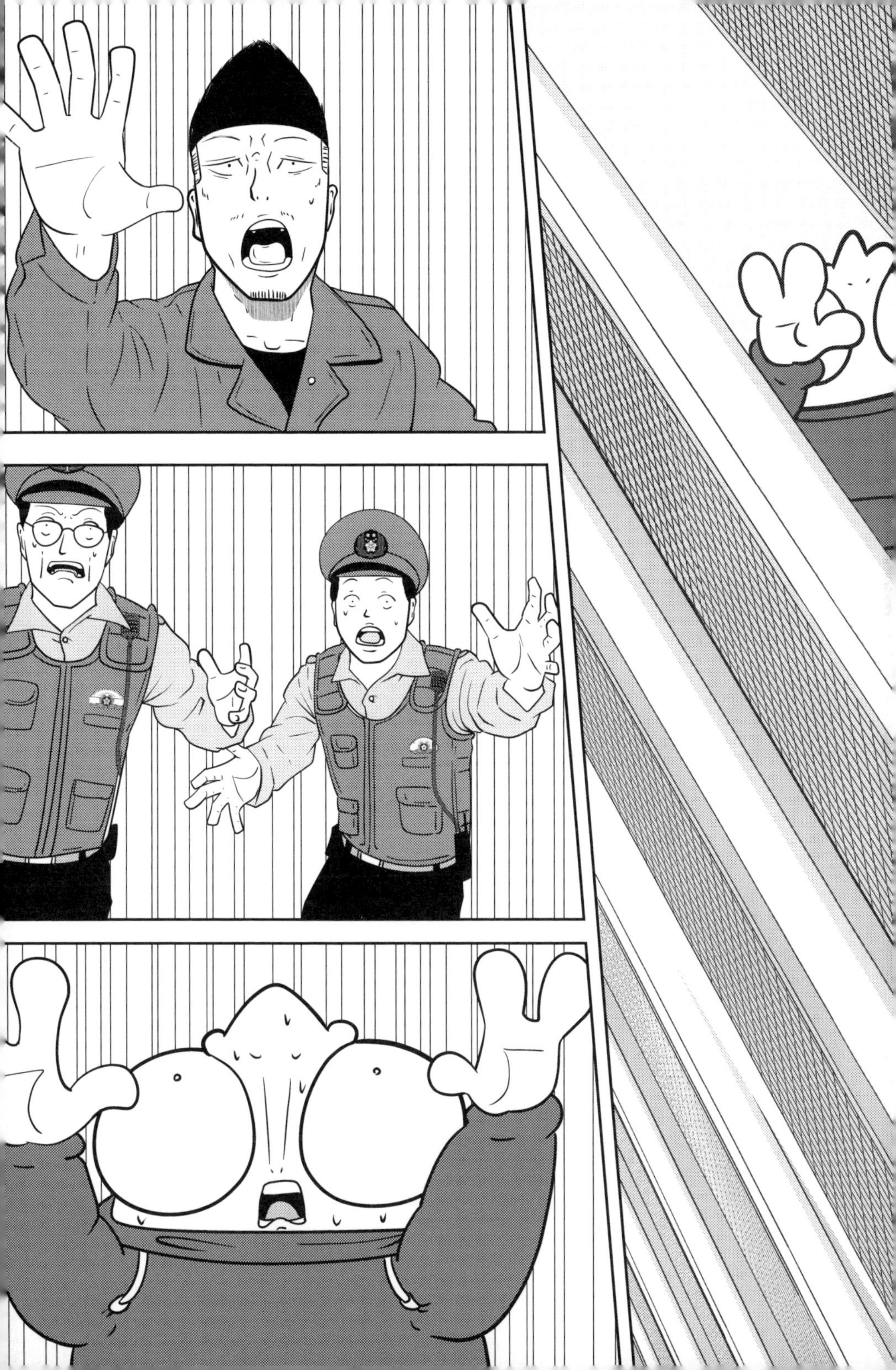

ガッ
ド
がぁっ
カッ
うっ…っ

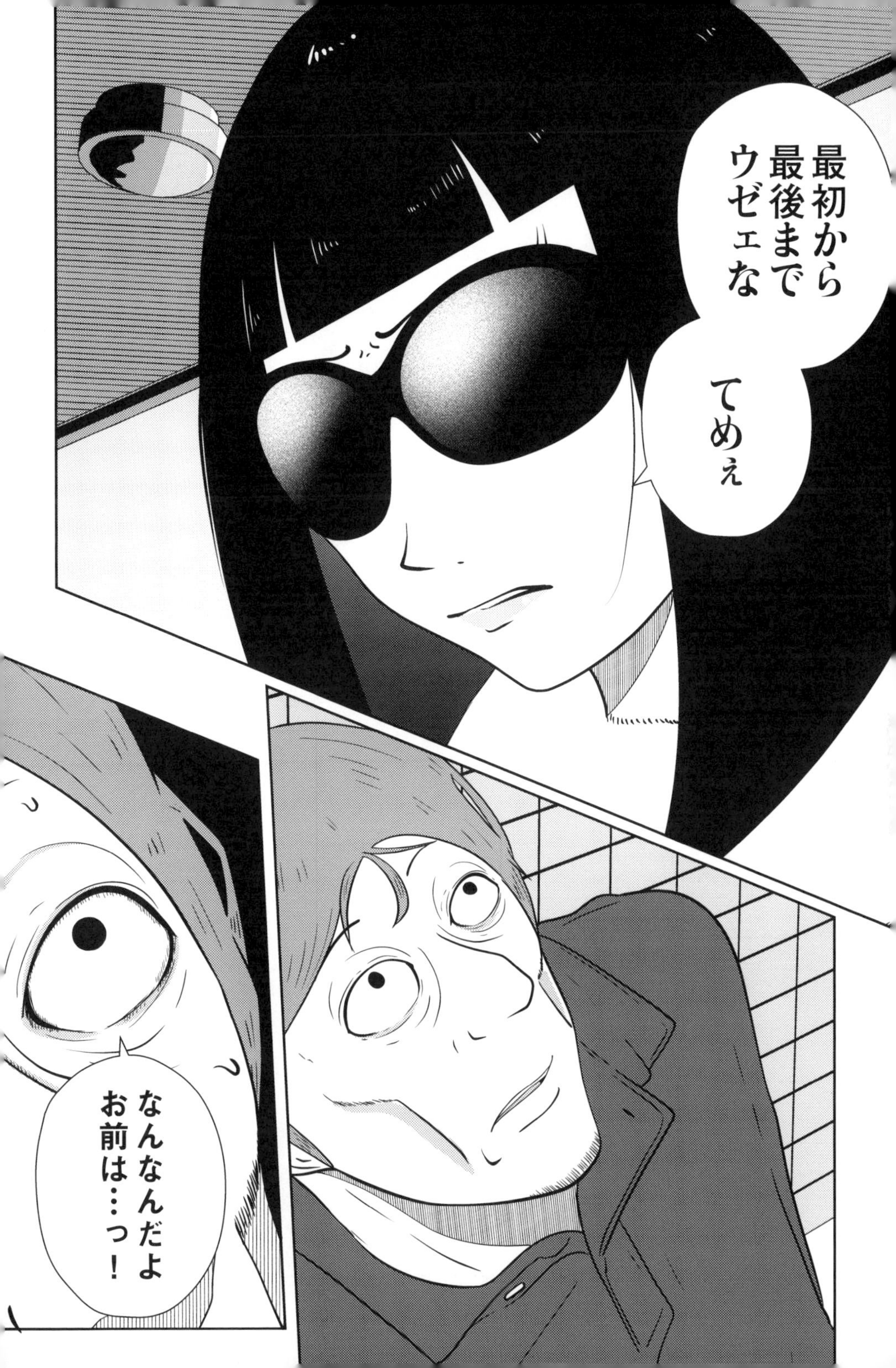
最初から最後までウゼェな
てめぇ
なんなんだよお前は…っ!

他人のくせに
ちょっと兄さん！
勝手に入ってくんなよ
危ないでしょ！
俺にはわかる
このまま続けてればいつか必ず振り向いてくれる
これが俺の人生だ
このためなら死んだって良い
お前は
怯えてる女の子を
警察沙汰になるまで追い回すのが
お前の人生なのか

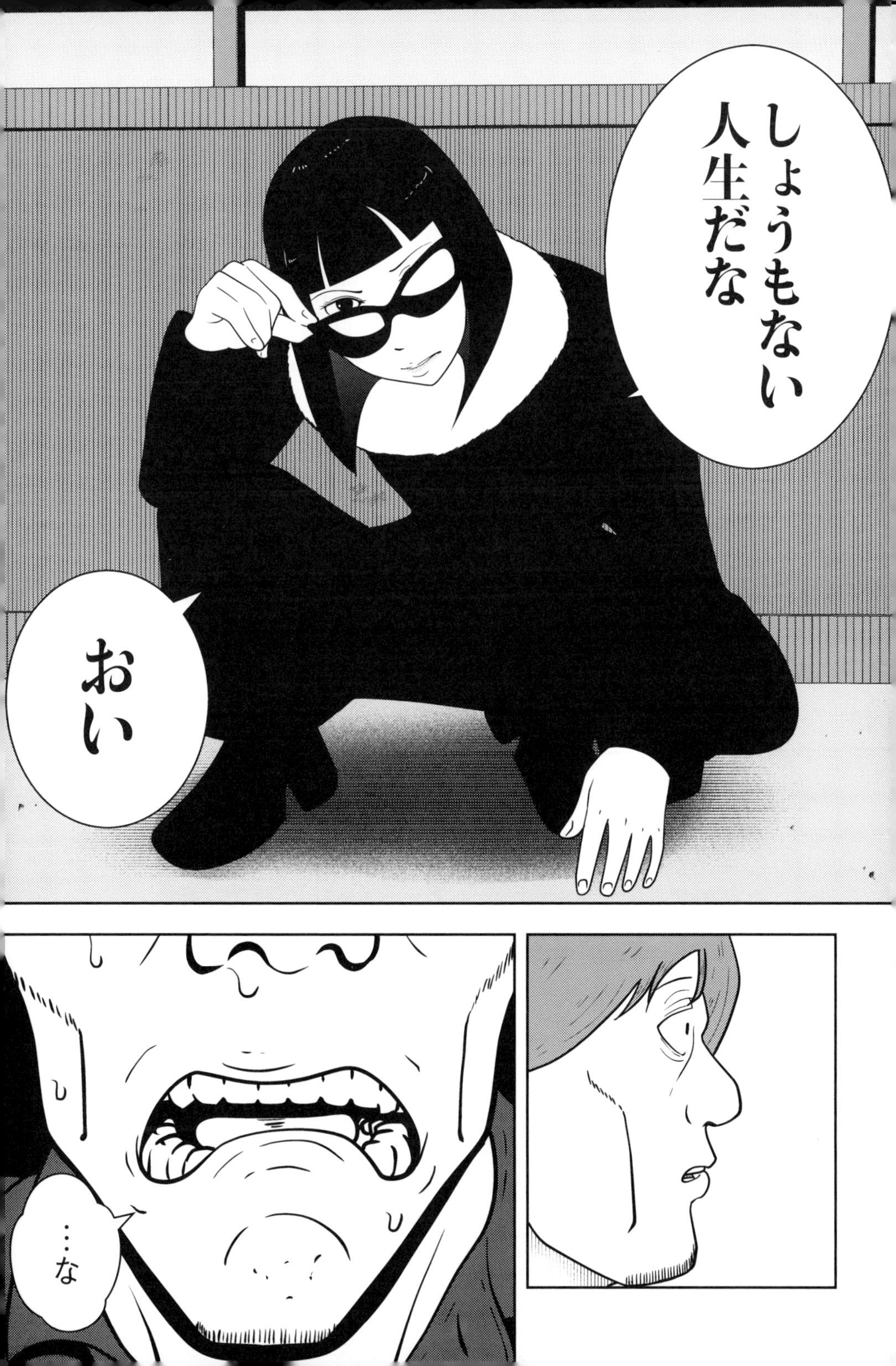
しょうもない
人生だな
おい
…な

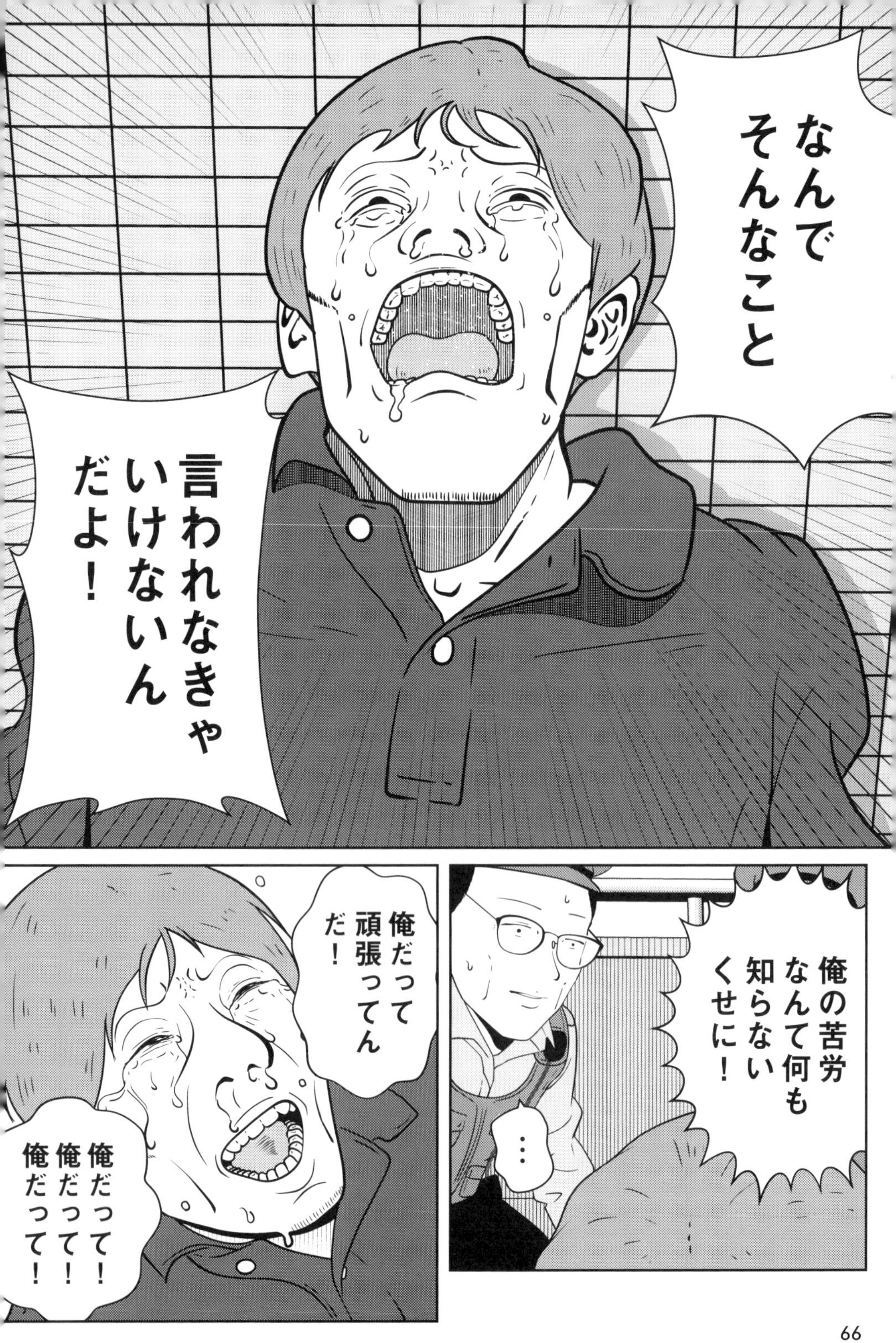
なんでそんなこと
言われなきゃいけないんだよ！
俺の苦労なんて何も知らないくせに！
…
俺だって頑張ってんだ！
俺だって！俺だって！俺だって！

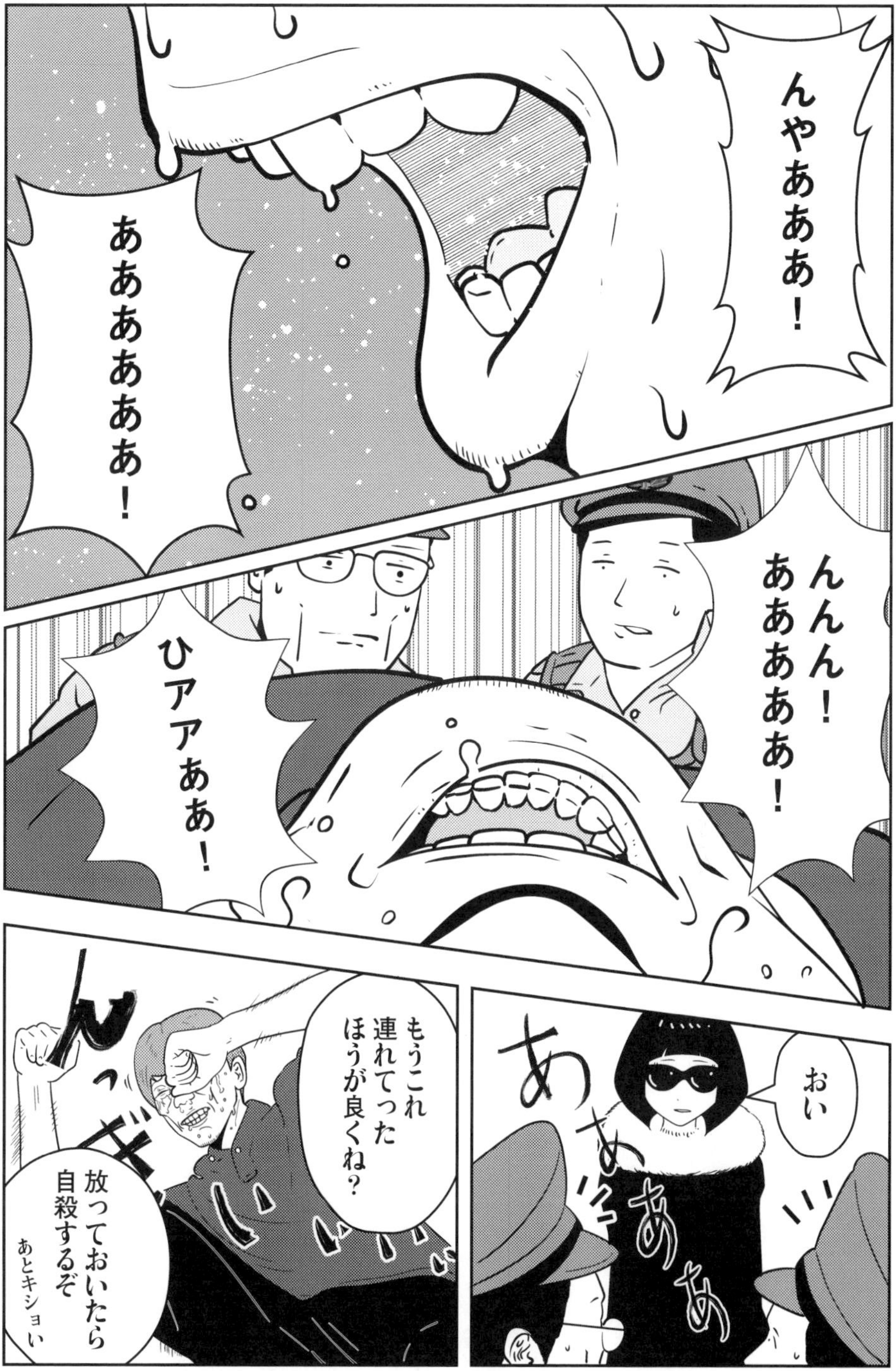
んやあああ！
ああああああ！
んんん！あああああ！
ひアアああ！
おい
もうこれ連れてったほうが良くね？
放っておいたら自殺するぞ
あとキショい

もちろん こちらで 保護します
ご協力 ありがとう ございました
ほら！立って ください
触るな！税金泥棒！
お前らのせいで 少子化が 進んでるんだぞ！
責任を取れ！穀潰し！
意味が わからない ですよ
んやあ！触るな！
暴れないで ください！
こんな 惨《みじ》めな 大人の姿
初めて 見た…

『ストーカーの心理』※の中で著者・荒木創造氏はストーカーについて以下のように語っている
「彼らのずるさ、卑劣さ、あきれるばかりの幼児性、

※講談社+α新書、2001年

妄想癖、自己愛、身勝手、孤独、寂しさ、愛への強い欲求、
劣等感、人一倍のプライド、傷つきやすさ、
恨み、残虐さが
私の興味を引いた。
彼らはまるで人間の醜さ、愚かさ、滑稽さ、
こんな人間のマイナス面を凝縮して、
身体の奥に
しっかりとためこんでいる人たちのように見えた。

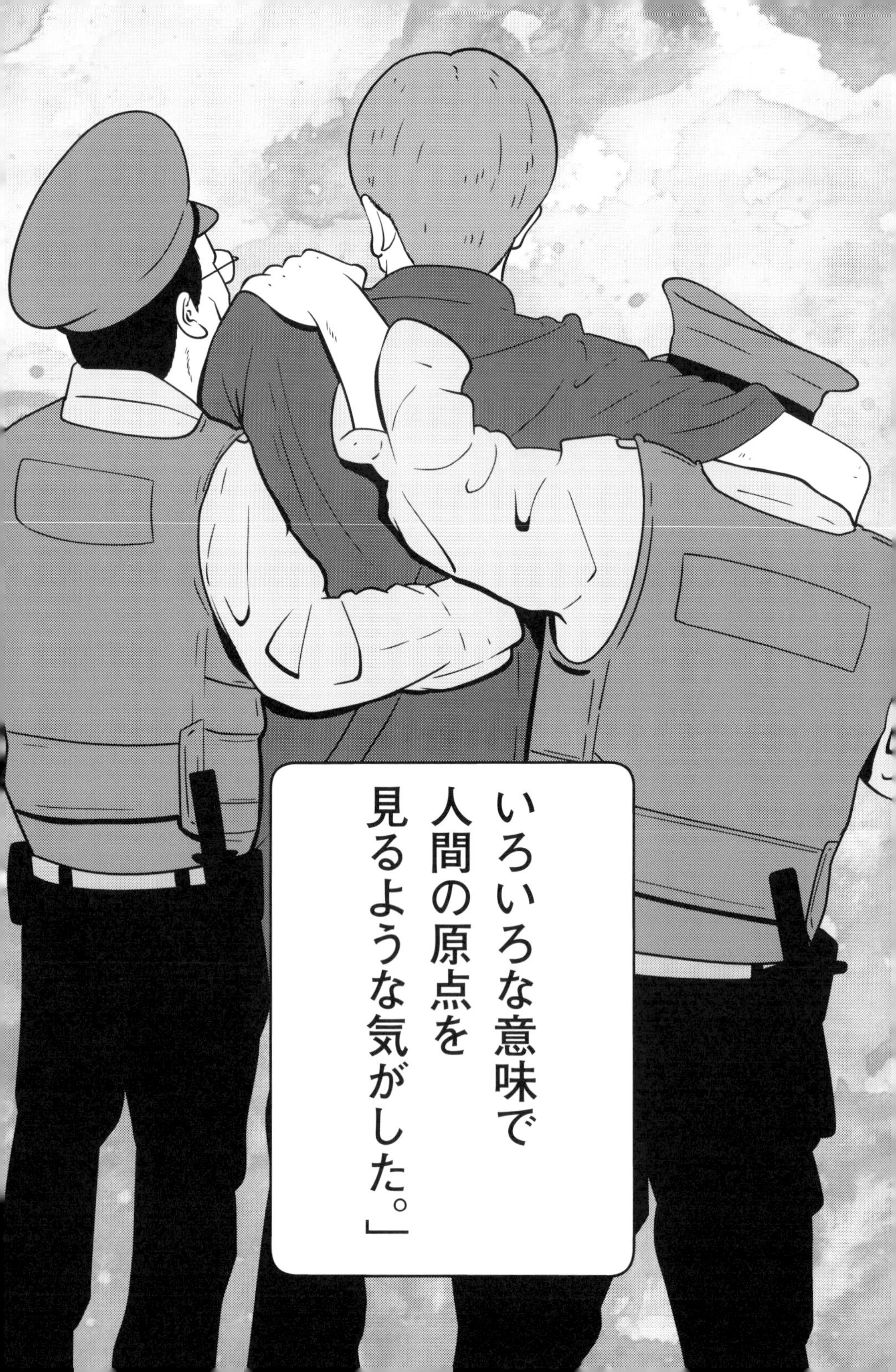
いろいろな意味で人間の原点を見るような気がした。」

今日は何から何までありがとうございました
いえいえどうも
今日はしっかり休んでゆっくり寝てね
あの…
…いやなんでもないです
?
なに?
…どうして

ガ
どうしてあいつを
ド
がぁっ
ガッ
助けたんですか？
なんでそんなこと聞くの？
…
夜逃げした後も 私…
しばらく気が気じゃないと思うんです
また家を特定されたらどうしようって
だから…
死んでくれた方がよかった？

・・・
社長が
優しいのは
わかります
でもあいつの
ことまで
気にかけなく
ても…
いやいや
私は誰彼構わず
手を差し伸べるほど
お人好し
じゃないよ？
じゃあ
なんで…
あの時
下に人がいる
可能性が
あったから

もし落下地点に
散歩中の親子がいたら？
学校帰りの学生が
集団で下校してたら？
どんな人間にせよ
あんな奴の道連れになっていいわけないだろ
本当にそれ以外の理由はないよ
…
…おっしゃる
通りです

すみません自分のことしか考えてなくて
でもほんと毎日苦しくて
ニュースでストーカーによる殺人事件とか見ると
とても他人事に思えなくて
殺されるまでこれが続くのかなって考えたら
もう何も楽しめなくなって
あいつが死ねばどんなに安心だろうってずっと思ってて
もしまたあいつが来たら
その時は
私を呼んで
次は責任を持って

ちゃんとあいつを
落としてあげる
どこからかは
あえて言わないわ

ファミリーレストラン
ガスド
ガッ
ガッ
ガッ
ピピピピ
もしもし
お疲れっす！
ウエイウェイ！
ウェーーーイ！
うっせぇな
くそアフロが
へへへ
すいやせん（笑）
そっちの
依頼はもう
終わったのか？
依頼は
2時間前に
終えて
場末のスナックで
1人楽しく
打ち上げですわ！
デンゾウは？
デンちゃんは
誘ったけど
下戸なんで
帰りました～

ドラちゃ〜ん
早く キン肉マン 歌ってよ〜
あけみちゃ〜ん ちょっと 待ってて〜♡
用がないなら 切るぞ
ちょちょ ちょ！
デンちゃんは えらく気に 入ってましたね
例の カメレオン
あー あいつら 仲良いな
次の依頼 そのカメレオンと オレを組ませて ください
なんで?
1回ツラを見て 漫画に協力するか 決めたいっす
もぐ もぐ
ほう
もし 俺のハートに 刺さらない
しょうもない 野郎だったら

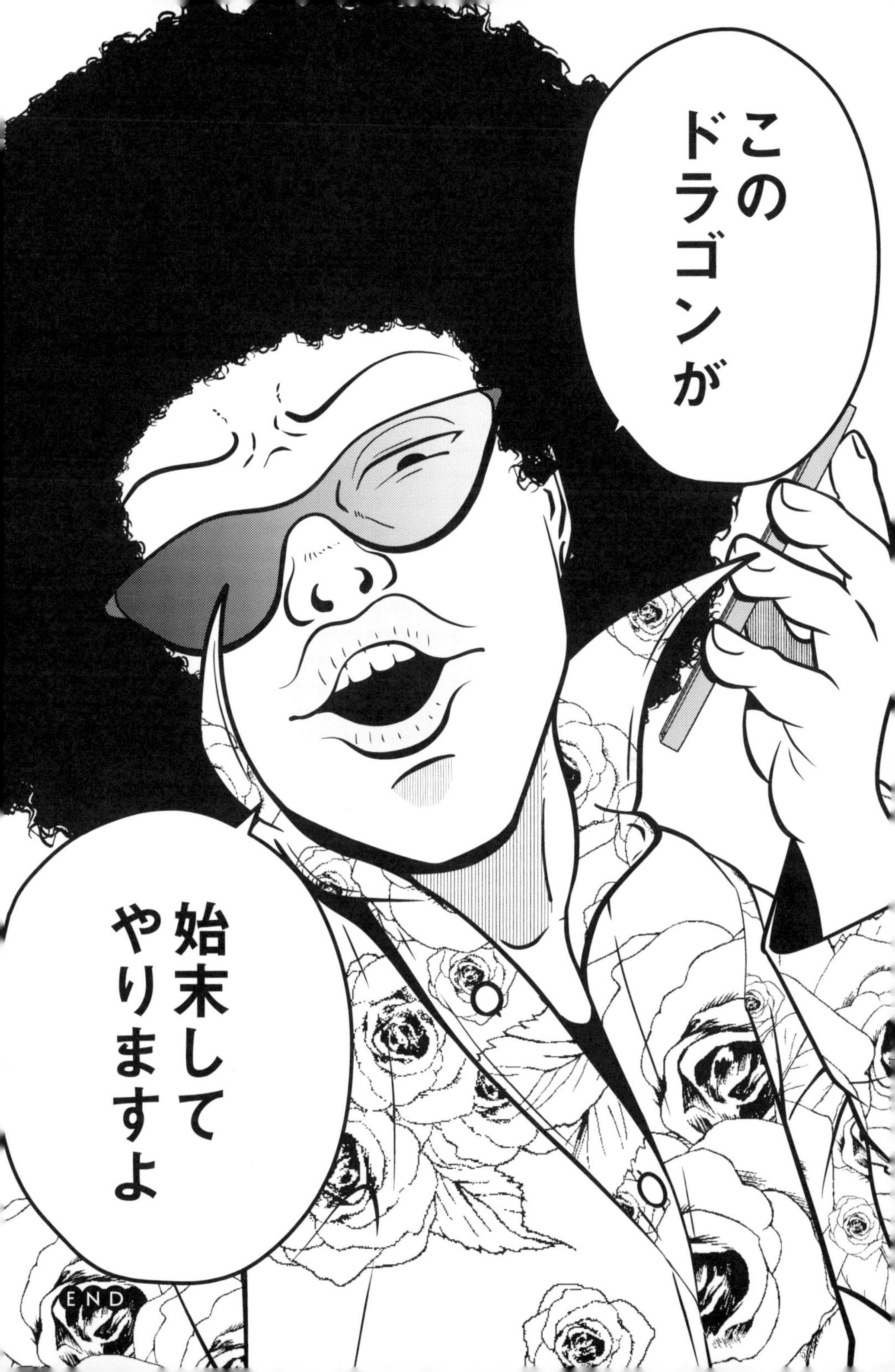
このドラゴンが
始末してやりますよ
END

25日目 ドラゴン見参

ガヤ
ガヤ
明後日の依頼だけど
お前は前日にある男と顔を合わせてくれ
ある男？
そいつの名前は
ドラゴン
夜逃げ屋の一員で今回の夜逃げにも参加することになってる
お前の漫画に興味があるらしくてな
依頼前に一度読んでみたいんだとさ

どんな人なんですか？
秘密
ええ？
事前情報ないほうが漫画にした時映えるくね？
私の配慮だよ
ありがたく受け取りな
事務所
ぬっ
！
お前が
宮野シンイチか

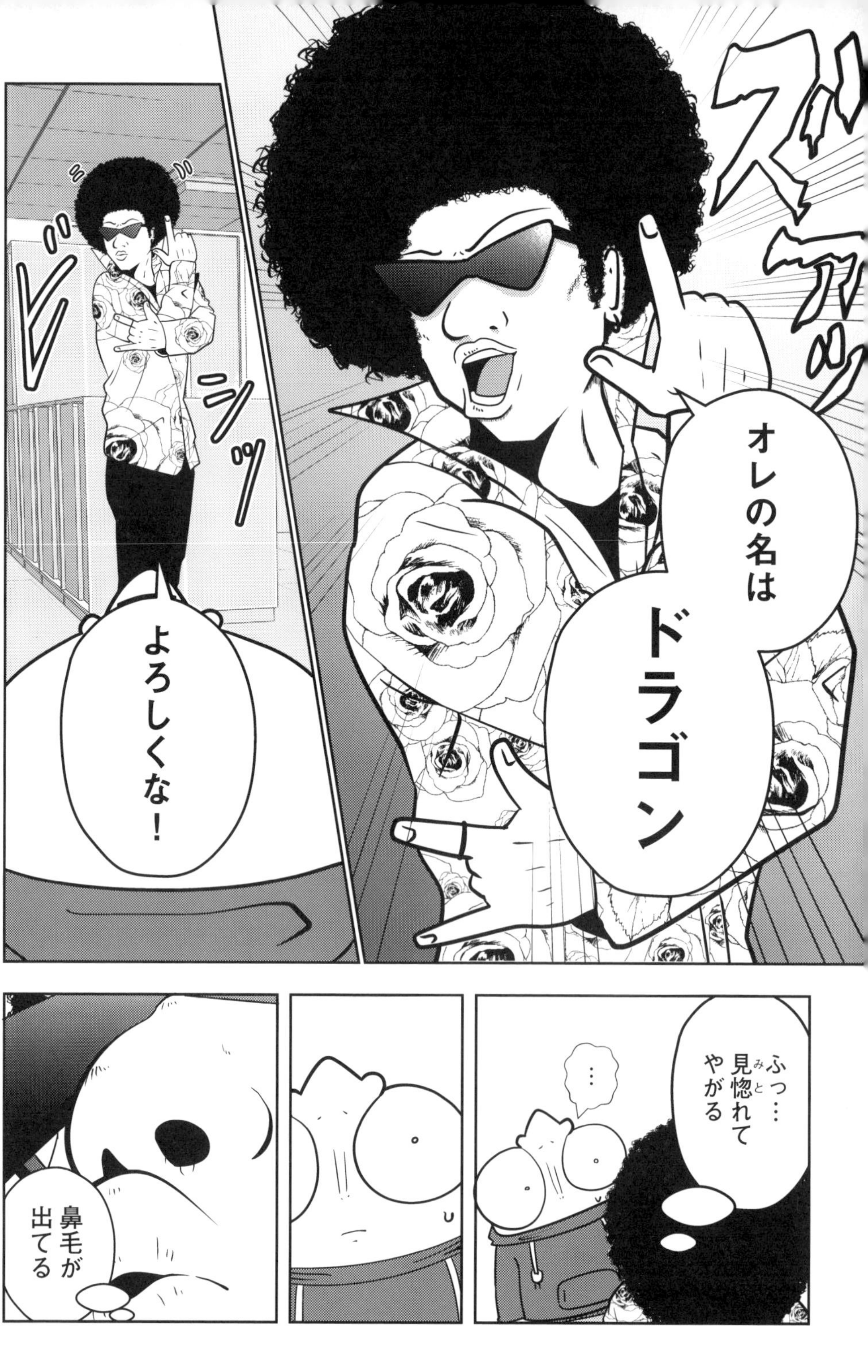
ズァッ
オレの名は ドラゴン
ビシッ
よろしくな!
ふっ… 見惚《みと》れてやがる
…
鼻毛が出てる

デンちゃんは なんで
例の漫画家に そこまで協力的 なんだよ
一生懸命な 子やからね
僕みたいに ならんように 支えて あげたいんや
ガハハハハ
デンちゃんは 人生失敗して 夜逃げした もんなぁ！
ほんま デリカシー ないな君は
歳とった 人間が一番 やったら あかんことは
頑張る若者の 足引っ張ること やと思うんや
せやから ドラゴン君も
シンイチ君を 応援したってや

んなもん知るかよ
デンちゃんのことは嫌いじゃねぇが
もふ
デンちゃんが信頼してる
=
オレも信頼する
にはならねぇ
社長から聞いてるだろ
ガサ
ガサ
漫画出しな
こいつは夜逃げ屋として
まだ未熟すぎる
どうぞ!!
つまりこいつを評価するのに夜逃げの仕事ぶりを見るのは
フェアじゃない

ならこいつの漫画から
サムラップ
ハートを感じられるかどうか…
24 KOBE
宮野シンイチ
社長からの評価がめちゃくちゃ低かった作品
つまんねぇ～!
タイトルださ
あのあと他のみんなにも読んでもらったけど
なんだかんだ一緒に8時間
ゴメンね
サムラップ
クロスレビュー
音に合わせて戦う音剣士の末裔。音太郎。タイムスリップした江戸時代でラップに合わせて剣を振るい、悪を倒す。人は彼を「サムラップ」と呼ぶのであった。
デンゾウ
評価 35点
普段、漫画を読まんからなんとも言えんけど文字も多いし、なんか初心者にもわかりやすくして欲しいかも。今後に期待してるで！
ジョー
評価 25点
主人公が最初から最後までよくわかりませんでした。なんだかシンちゃんが迷走してるように感じたかも…。もう少し、キャラの心を丁寧に捉えた方が良いのでは？今後に期待していますよ。
ゴリ
評価 15点
「読みながら食べて」と持って来てくれたお菓子がおいしかった。漫画は読んでない。
評価悪いんだよなぁ～
ドキドキ
ふーん
なるほどね…
ヤベェ…

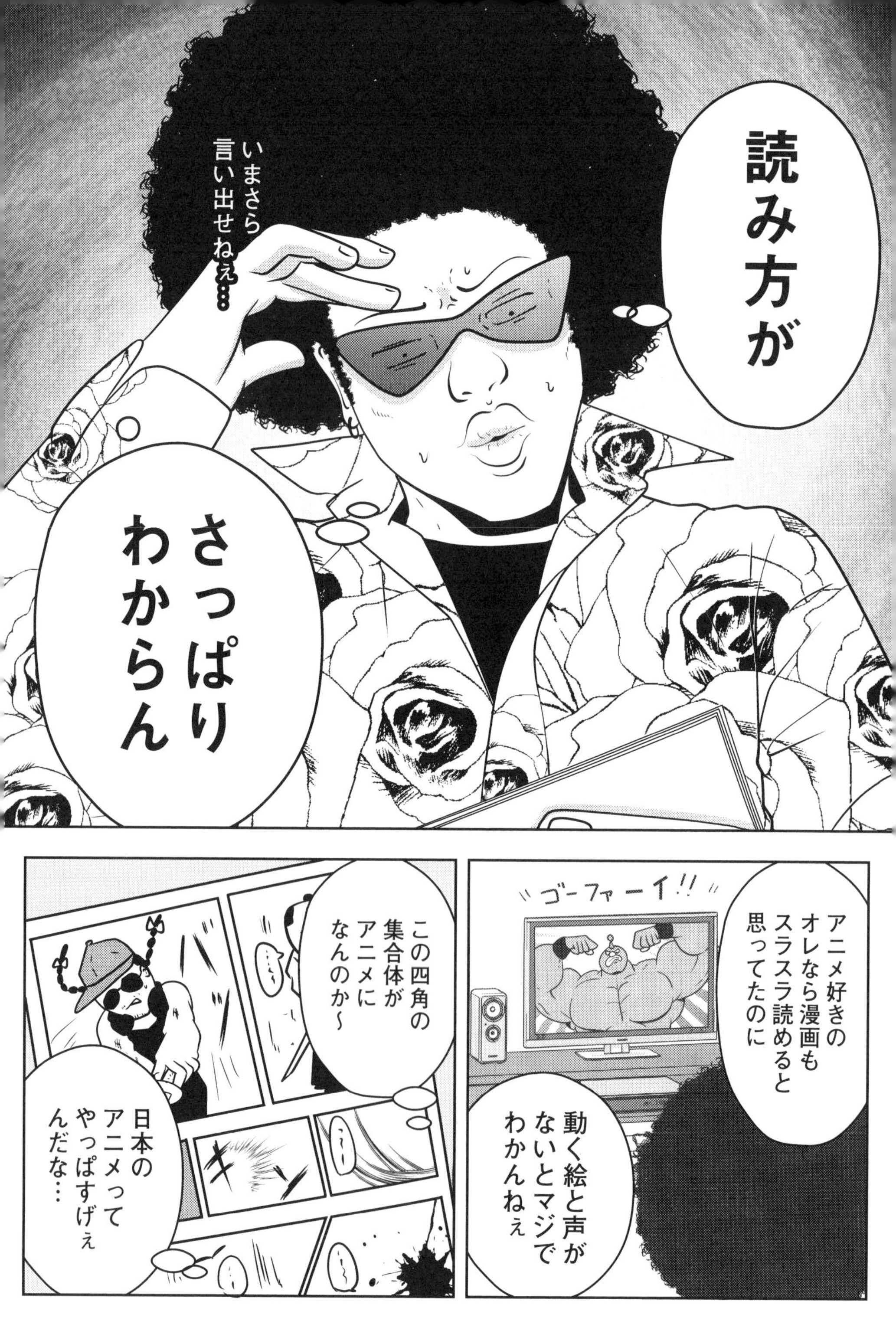
読み方が
さっぱりわからん
いまさら言い出せねぇ…
ゴーファーイ!!
アニメ好きのオレなら漫画もスラスラ読めると思ってたのに
動く絵と声がないとマジでわかんねぇ
この四角の集合体がアニメになんのか～
日本のアニメってやっぱすげぇんだな…

お…お前は夜逃げを漫画にしたいんだよな？
はい
どんな感じで作るんだよ？
それはまだ決まってないですけど
やっぱり社長とスタッフさん達はなんらかの形で出したいですね
オレも？
え？ 出しても良いんですか？
オレ無しで夜逃げ屋は語れねぇだろ
じゃあ
かっこよく描きますね！
オレを
かっこよくイケメンにセクシーに描く？

※そこまで言ってない

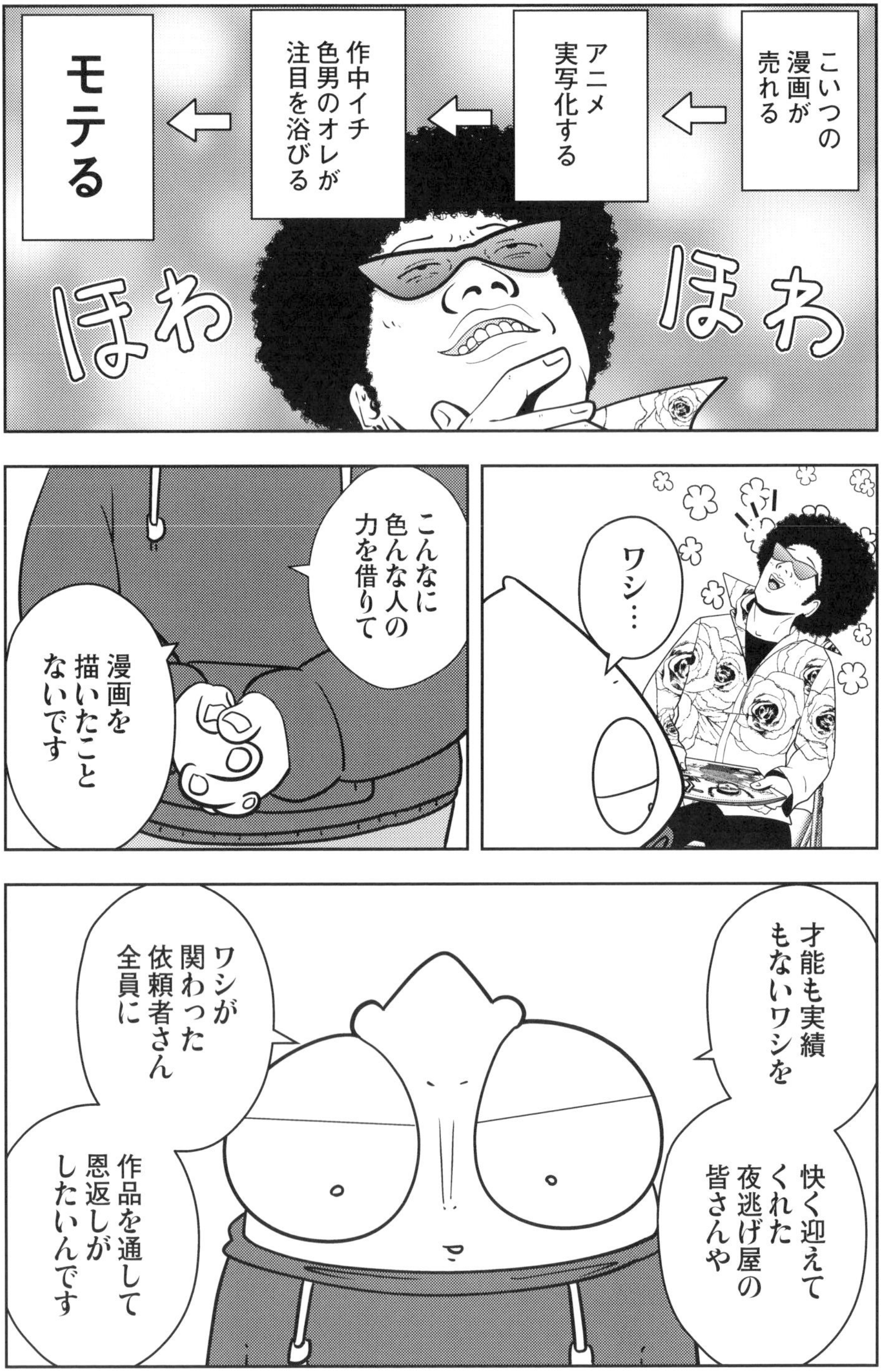

こいつの漫画が売れる
アニメ実写化する
作中イチ色男のオレが注目を浴びる
モテる
ほわ
ほわ
ワシ…
こんなに色んな人の力を借りて
漫画を描いたことないです
才能も実績もないワシを
快く迎えてくれた夜逃げ屋の皆さんや
ワシが関わった依頼者さん全員に
作品を通して恩返しがしたいんです

ガタッ
よし
とりあえず合格だ
バアー
ど…どうも…
合格？
明日は足引っ張んなよ
は…はい

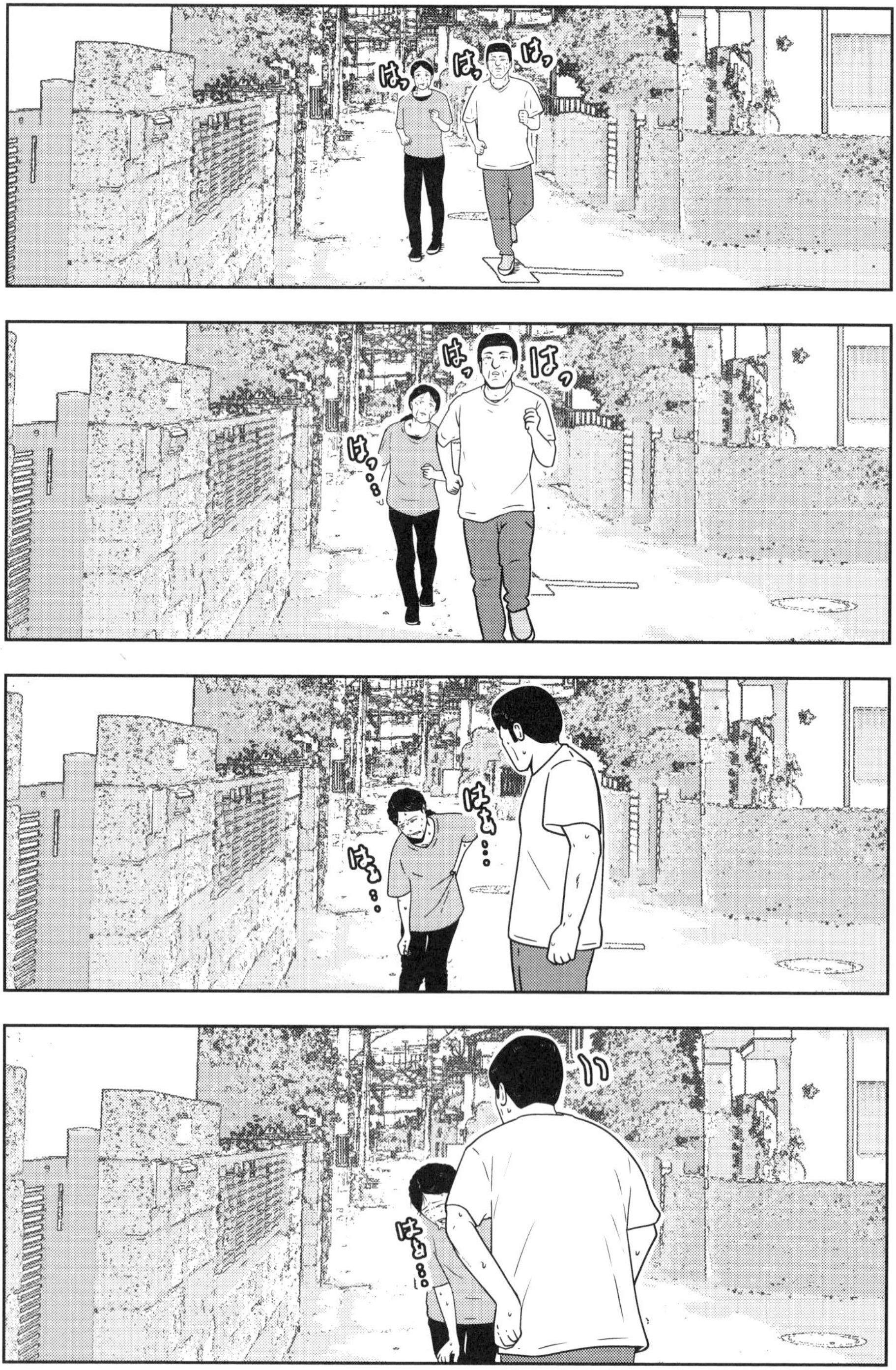
はっ
はっ
はっ
はっ
はっ
はっ。。
はぁ。。。
はぁ。。
はぁ。。

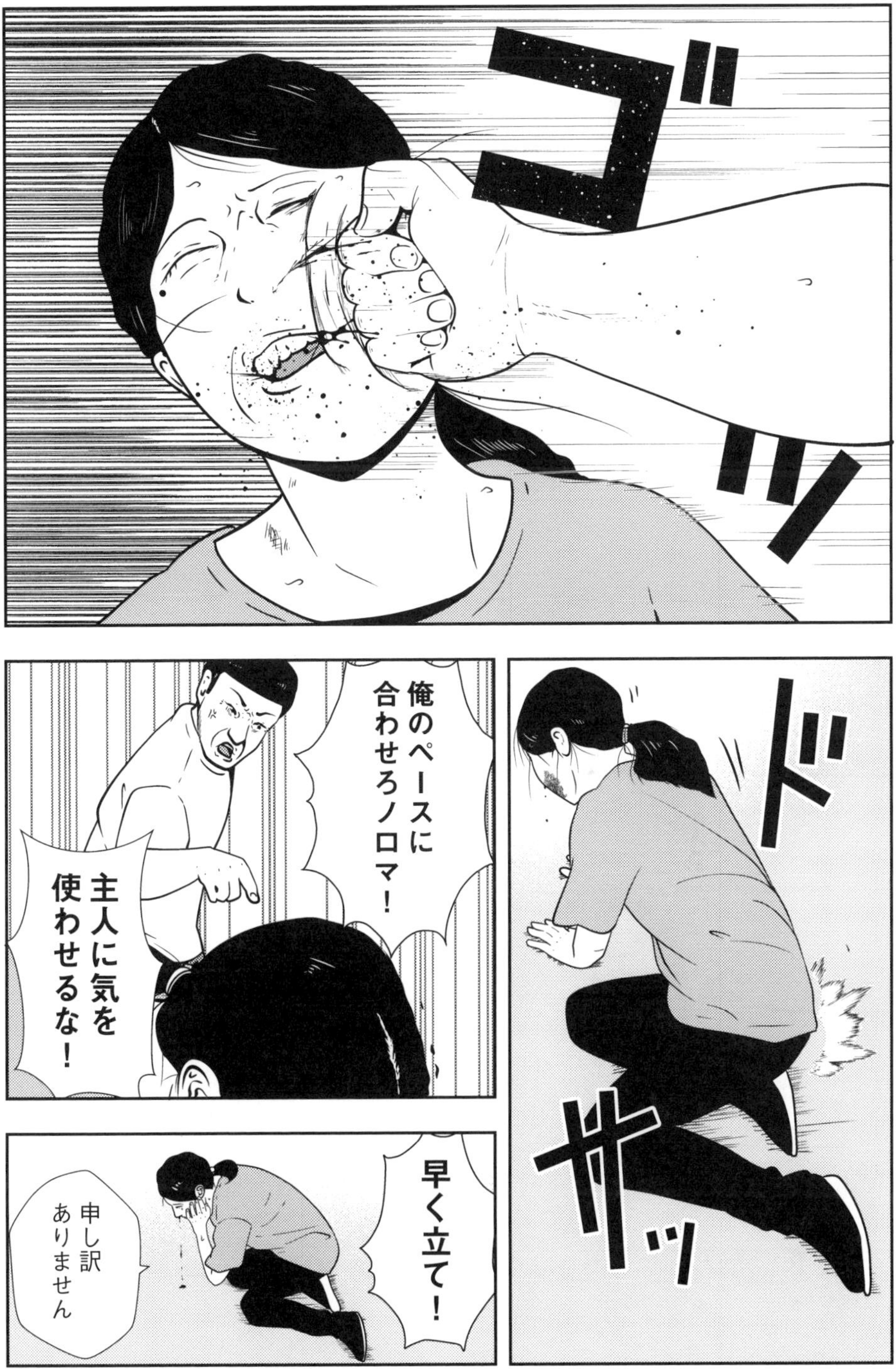
ゴッ
ドサッ
俺のペースに合わせろノロマ！
主人に気を使わせるな！
早く立て！
申し訳ありません

早く
飯を作れ
俺は
シャワーを
浴びる
ぐうううう
腹の音を
止めろ！
俺が
食べ終わるまで
待てんのか！

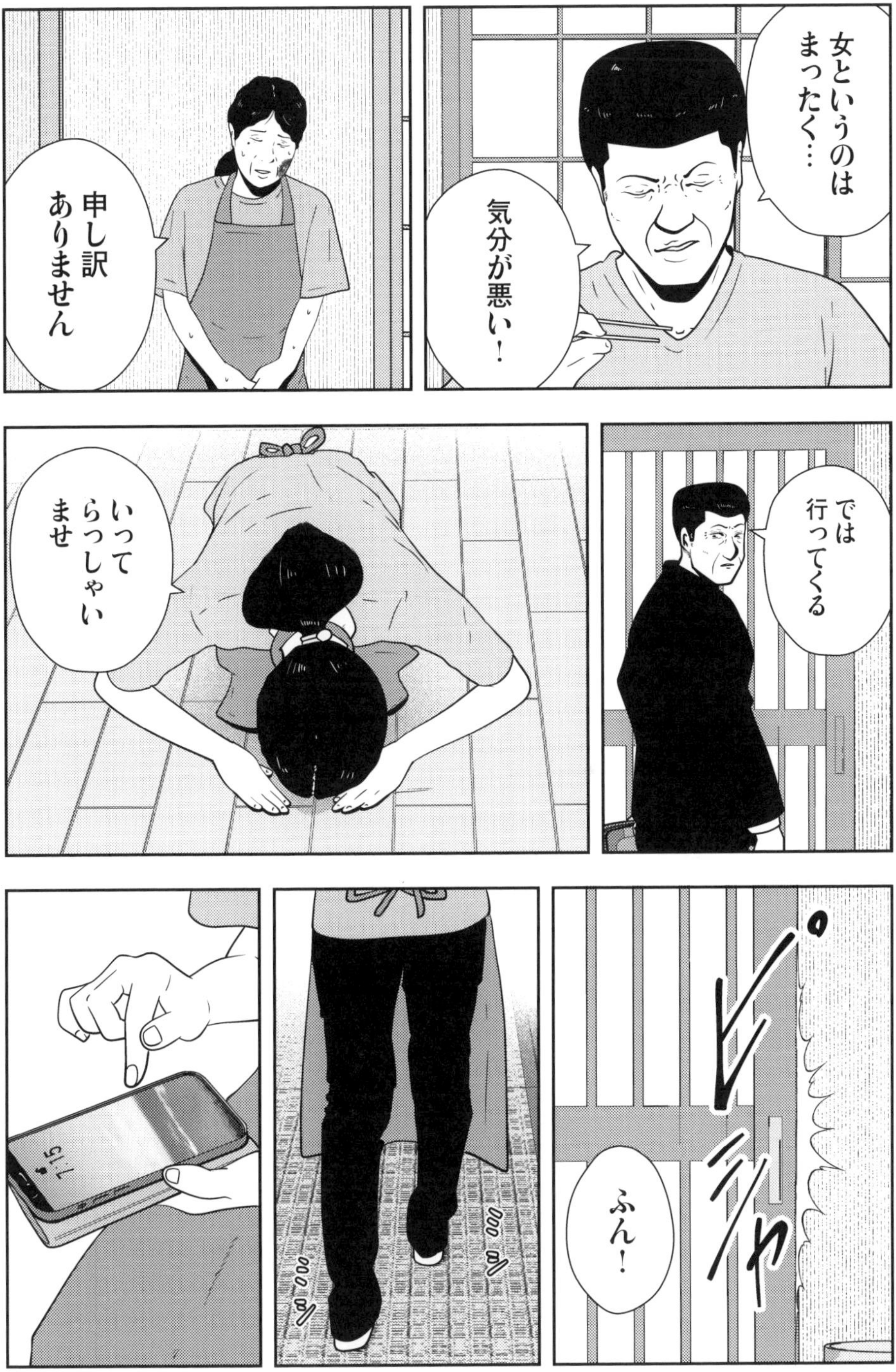
女というのはまったく…
気分が悪い！
申し訳ありません
では行ってくる
いってらっしゃいませ
ピシャ
ふん！

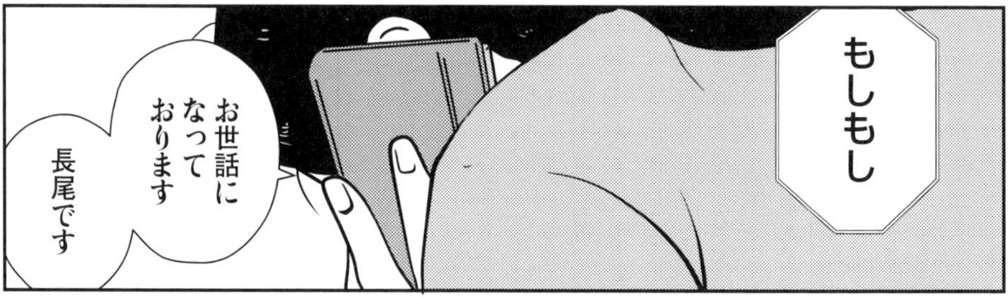

END

26日目 ロマンとタバコと日本刀

タバコ吸うか？
いやワシ吸わないので
って なんすかこのタバコ缶に入ってる！
たけぇんだぞコレ
こいつのせいでいつも金欠だよ まったく
だったら安いのにすればいいような…
バッカ！ お前！コレだから素人は！
喫煙者がタバコで何を摂取してるか知ってるか？
タール 10mg
ニコチン 1.0mg
ニコチンとタール？
それだけじゃねぇ
値段が上がれば上がるほど濃くなる成分があるんだよ
チッ
チッ
なんですか？

ロマンさ
社長
まだかな…
お！
噂をすれば
社長からだ
プルルル
ウェイ〜
お疲れ様っす
シンイチとは
合流したか？
ウェイっす
すまんが
緊急事態だ
え？
今朝方
依頼者さんが
しこたま夫に
殴られた
みたいで
体中が痛くて
歩けないって
連絡がきたから
来てみたん
だけど

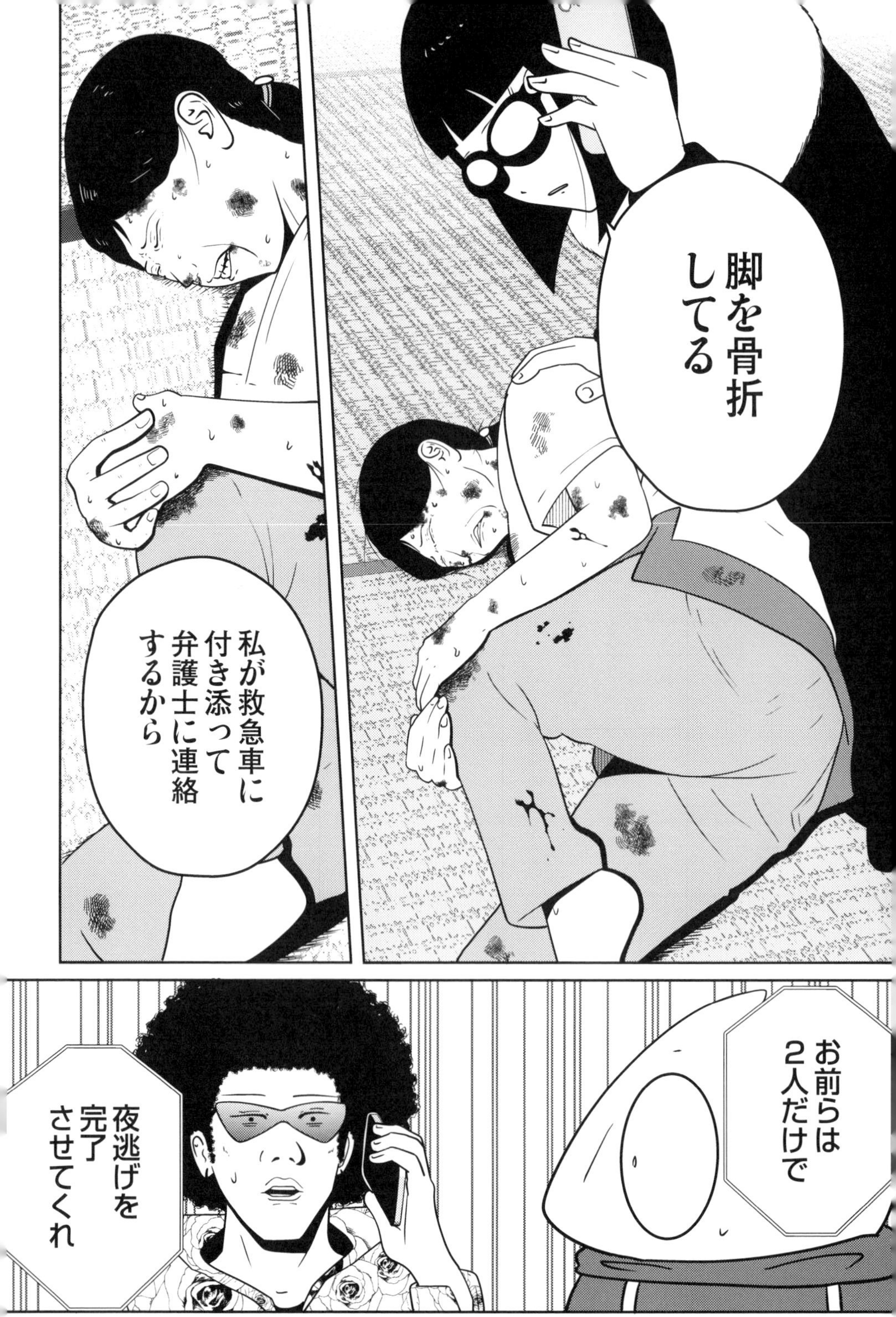
脚を骨折してる
私が救急車に付き添って弁護士に連絡するから
お前らは2人だけで
夜逃げを完了させてくれ

ごめんなさい
ごめんなさい
ごめんなさい
ごめんなさい
社長
依頼者に代わってください
どうも夜逃げ担当の者です
ごめんなさい私のせいで…
私がこんな…
大丈夫
こっちは任せてください
オレが責任持ってやります

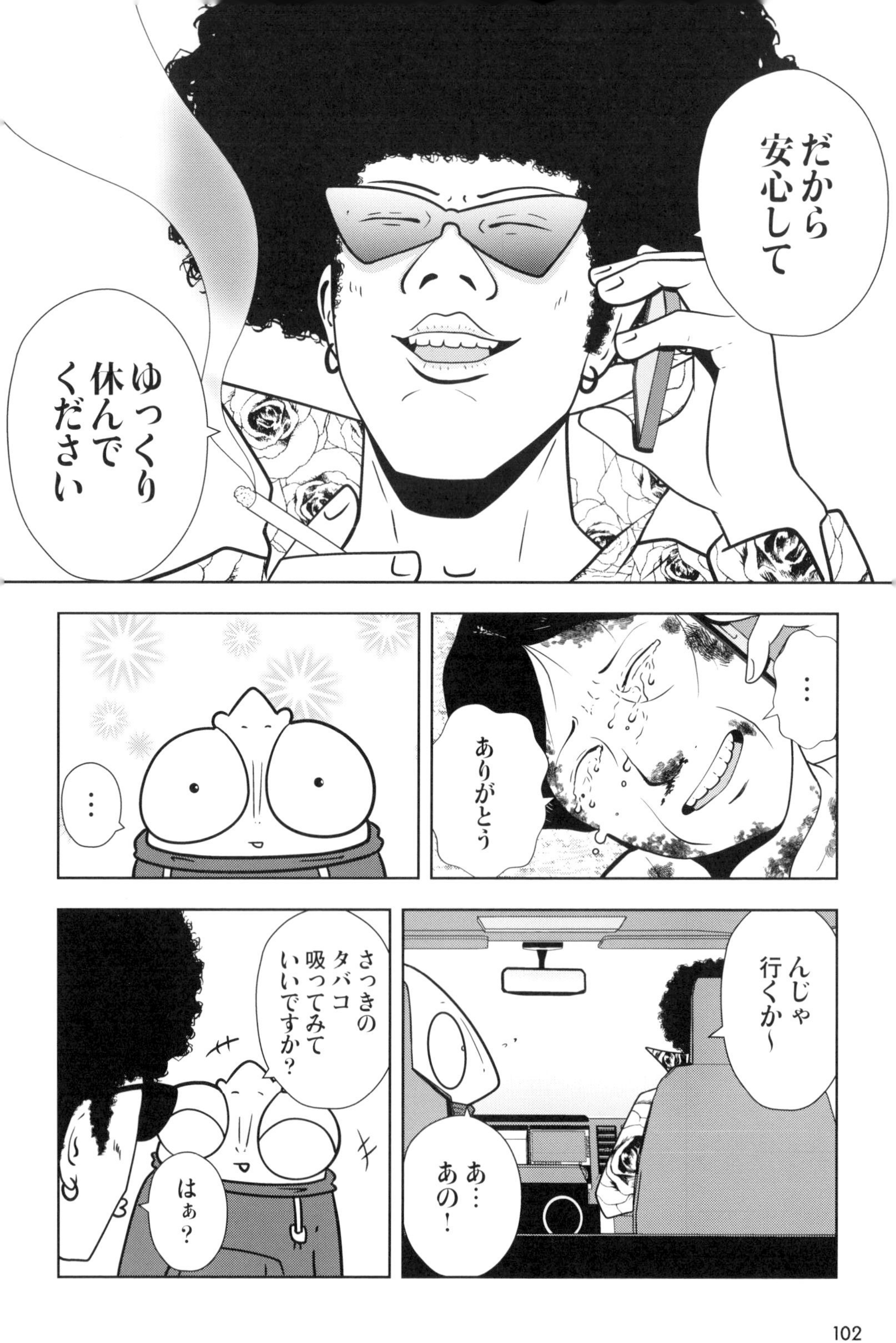
だから安心して
ゆっくり休んでください
…
ありがとう
…
んじゃ行くか〜
あ…あの！
さっきのタバコ吸ってみていいですか？
はぁ？

シュボッ
ロマン…か…
スーッ
ゲエつほ！ゴッホ！
オエ～
んげつほ！うゲエッほ！
あああああ！ロマンがもったいねぇ！
あ゛～
うえつ まっずい…ゴッホお！
オォォ
ブォ
テメェ 後で弁償しろよ ボケナス…！

キキッ
この家だ
家の鍵あるんすか？
こっちだ
社長が2番目の鉢植えの下に置いとくって…
ビンゴ！
鍵と委任状！
委任状
つきそいできないので
すべておまかせします。
長尾 エリコ
手紙もあるな…
ガチャ
ガラッ
お邪魔しゃーっす

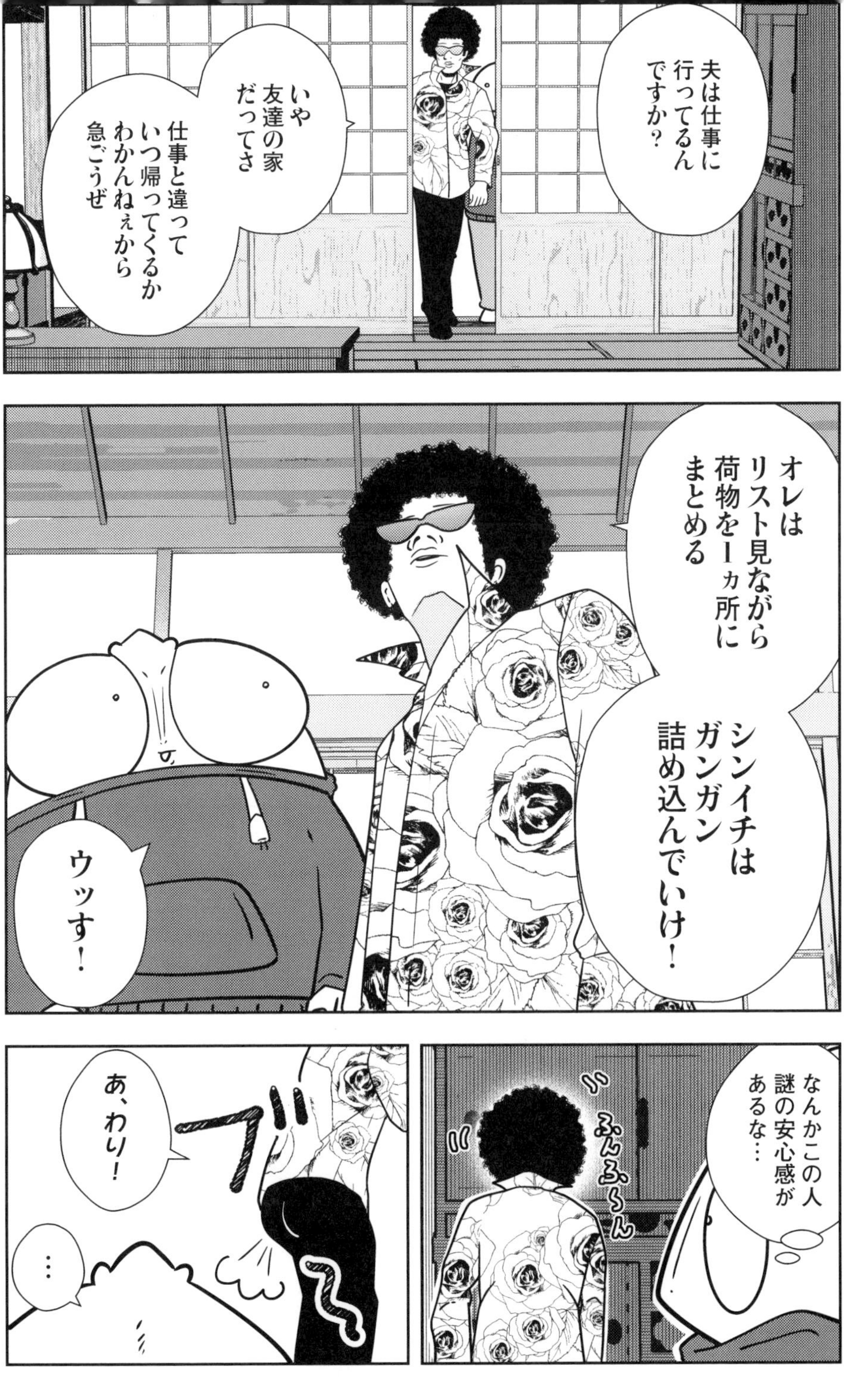
夫は仕事に行ってるんですか？
いや友達の家だってさ
仕事と違っていつ帰ってくるかわかんねぇから急ごうぜ
オレはリスト見ながら荷物を1ヵ所にまとめる
シンイチはガンガン詰め込んでいけ！
ウッす！
なんかこの人謎の安心感があるな…
ふんふ〜ん
ブ〜
あ、わり！
…

お前 この前の依頼
ストーカーと鉢合わせたらしいな
めっちゃ怖かったです
でも怪我しなくて良かったじゃん
いきなりブチギレて
刃物振り回すやつ結構いるからな
ウエェ やっぱそういうのあるんすね
でもそういうの見たくてウチを取材してんだろ？
いやできれば平和で穏便にごく普通の引越しを…
その辺の引越し屋に行けよ お前

作業開始から
30分
そろそろ
運ぶか…
ドッ
ド
うわぁ！
ザッ
何やってんだ
お前
いや…
あれ？

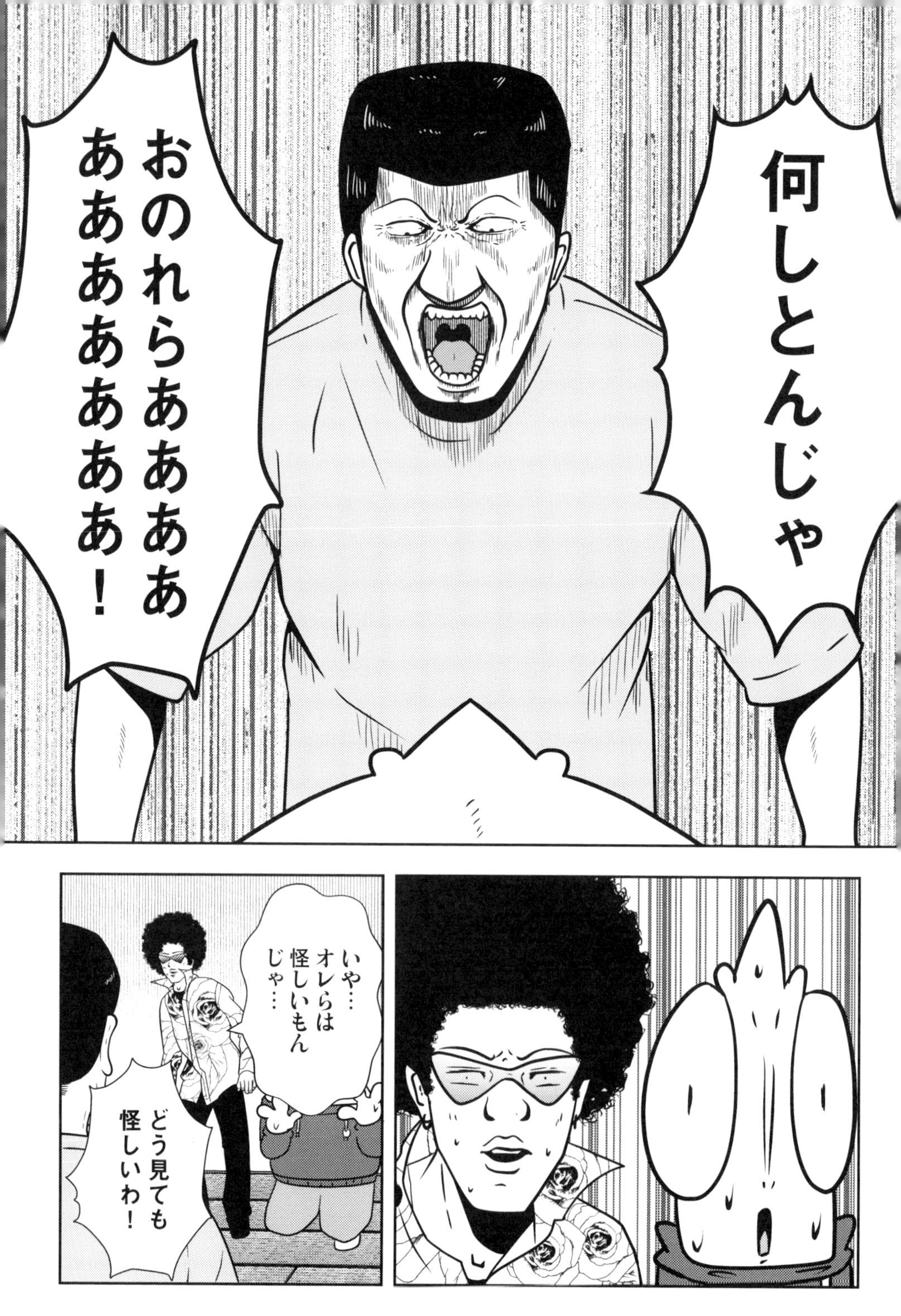
何しとんじゃ
おのれらあああああああああああ！
いや…オレらは怪しいもんじゃ…
どう見ても怪しいわ！

この空き巣が！
ブン
死ね！ゴミどもおおお！
空き巣はこんなに丁寧に梱包しねぇよ！
ガ
ンッ
ワシら引越し屋なんです
マジで話聞いてくれ！
ガン
ガン
ガン
依頼者はあんたの…
あーもうめんどくせぇ！
ガン
ガン
バッ
これ！
長尾 隆一さんへ
これ読んでくれ！
長尾 隆一さんへ
あんたに宛てた
奥さんからの手紙だよ！

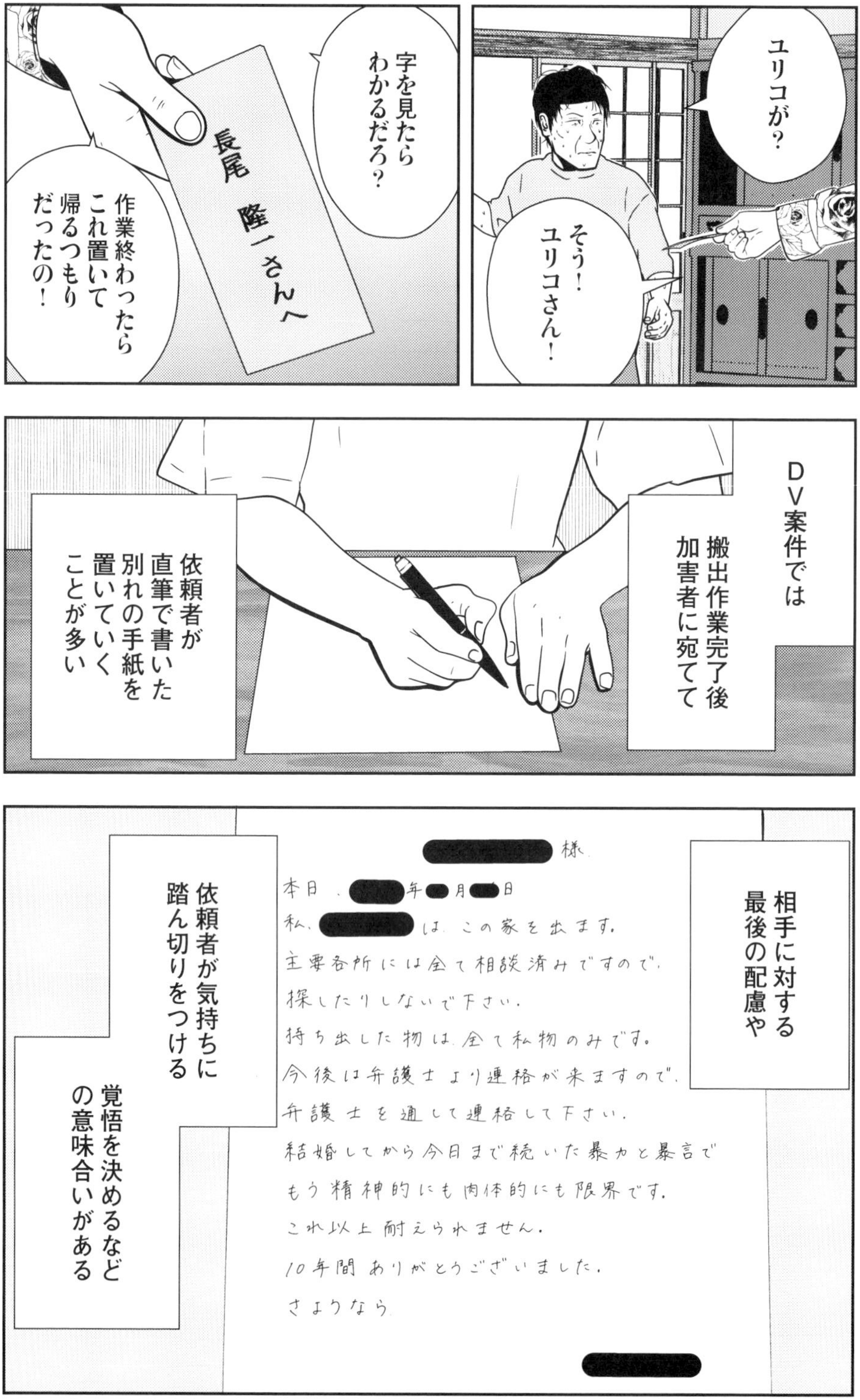

※こちらの文章は実物を模した見本です

この手紙に何が書いてあったか
詳細は知らないが
手紙を読んだ直後
長尾隆一は抜け殻のように静かになった
奥さんはあんたのDVが嫌で
引越すんだよ
んで オレらは奥さんに依頼されたわけ!
こんなもの信じられん
あー そう! だったら警察呼んでくれ
なんならオレが呼んでやろうか?
ブツ
ブツ
……
くる
なんだ? やけに大人しいな
スッ…

END

27日目 ドラゴン・パァンチ！

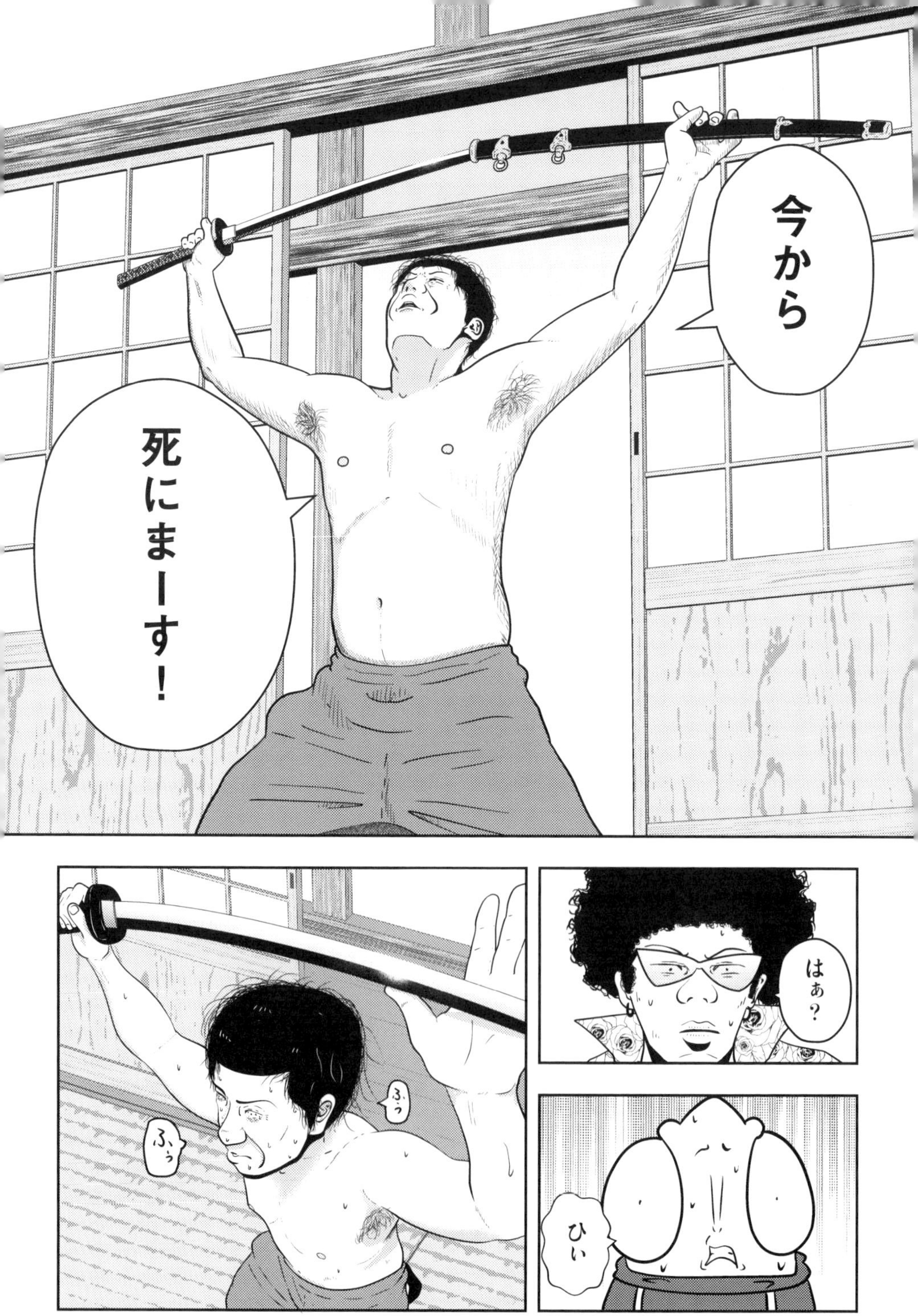
今から
死にまーす！
はぁ？
ひい
ふぅ
ふぅ

へ…
へいへ〜い
落ち着け…
近づくなあああ!
ブン
ほわあ!
そもそもお前ら俺を見下ろすな!
座れえええ!
スッ…
…
スッ

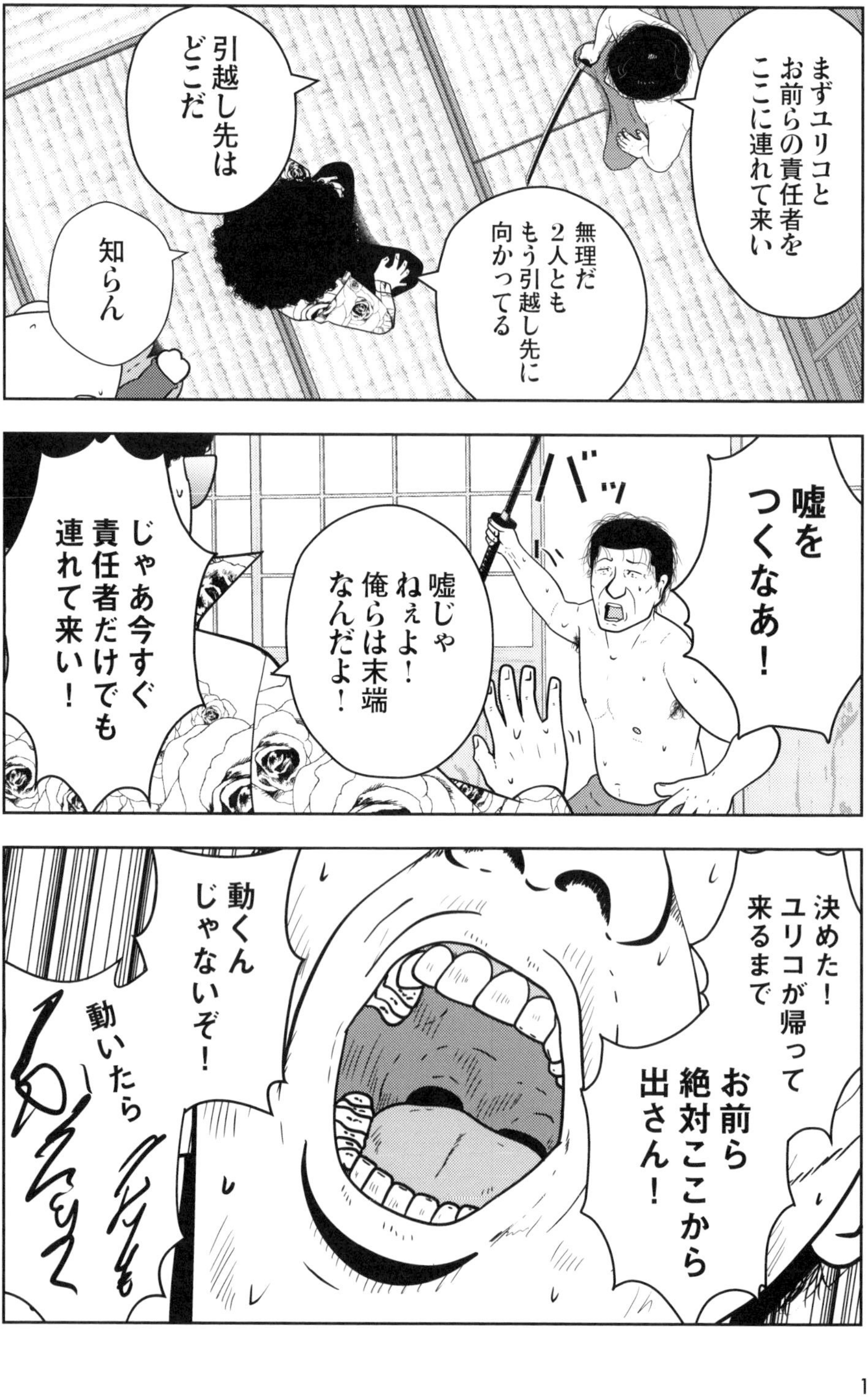
まずユリコと
お前らの責任者を
ここに連れて来い
無理だ
2人とも
もう引越し先に
向かってる
引越し先は
どこだ
知らん
嘘を
つくなあ！
バッ
嘘じゃ
ねぇよ！
俺らは末端
なんだよ！
じゃあ今すぐ
責任者だけでも
連れて来い！
決めた！
ユリコが帰って
来るまで
お前ら
絶対ここから
出さん！
動くん
じゃないぞ！
動いたら

この辺から聞き取れなくなった
何がなんだかわからなかった
夜逃げ屋で働くなら
いつかこういうことが起こるかもとは思ってた
けど いざ凶器を手にした異常者を目の当たりにすると
頭が真っ白になって動けなかった

ブル
ブル
ブル
あーあ かわいそ
夜逃げ屋入って数ヵ月で
この現場はトラウマになるだろうな
刃物持って怒り狂ったやつは
絶対刺激しちゃダメなんだ
ブォ…
ガッ
とにかく聞きに徹する
怒鳴り疲れたところで
少しずつ落ち着かせるのがセオリーってやつさ
お？

早速か…
ぜぇ
はぁ
依頼に来る前に
小耳に挟んだんすけど
今朝は特にキツくユリコさんを殴ったとか
脚を骨折してる
今朝方依頼者さんがしこたま夫に蹴られたみたいで
なんかあったんすか？
殴ったんじゃない
躾《しつけ》だ
躾？
今日のミスの多さは許容できん！
ジョギング中にこけるし
俺の汗を拭き忘れるし
風呂あがりに飯ができてなかった

夜逃げ直前で焦ってたんだろうな…
それで今日はいつもより躾けていただけだ
どうせ今時の若造には理解できんだろ
そもそもお前らみたいな脳の腐ったバカに理解してもらうつもりもない
女をきちんと使えるように躾けるのが男の義務だと
俺は父と祖父に教えこまれて生きてきたんだ
母も祖母もそれに従って男の手足になった
これは父と祖父の成果だ
俺は父と祖父2人のことを
誰よりも心から敬い慕っている

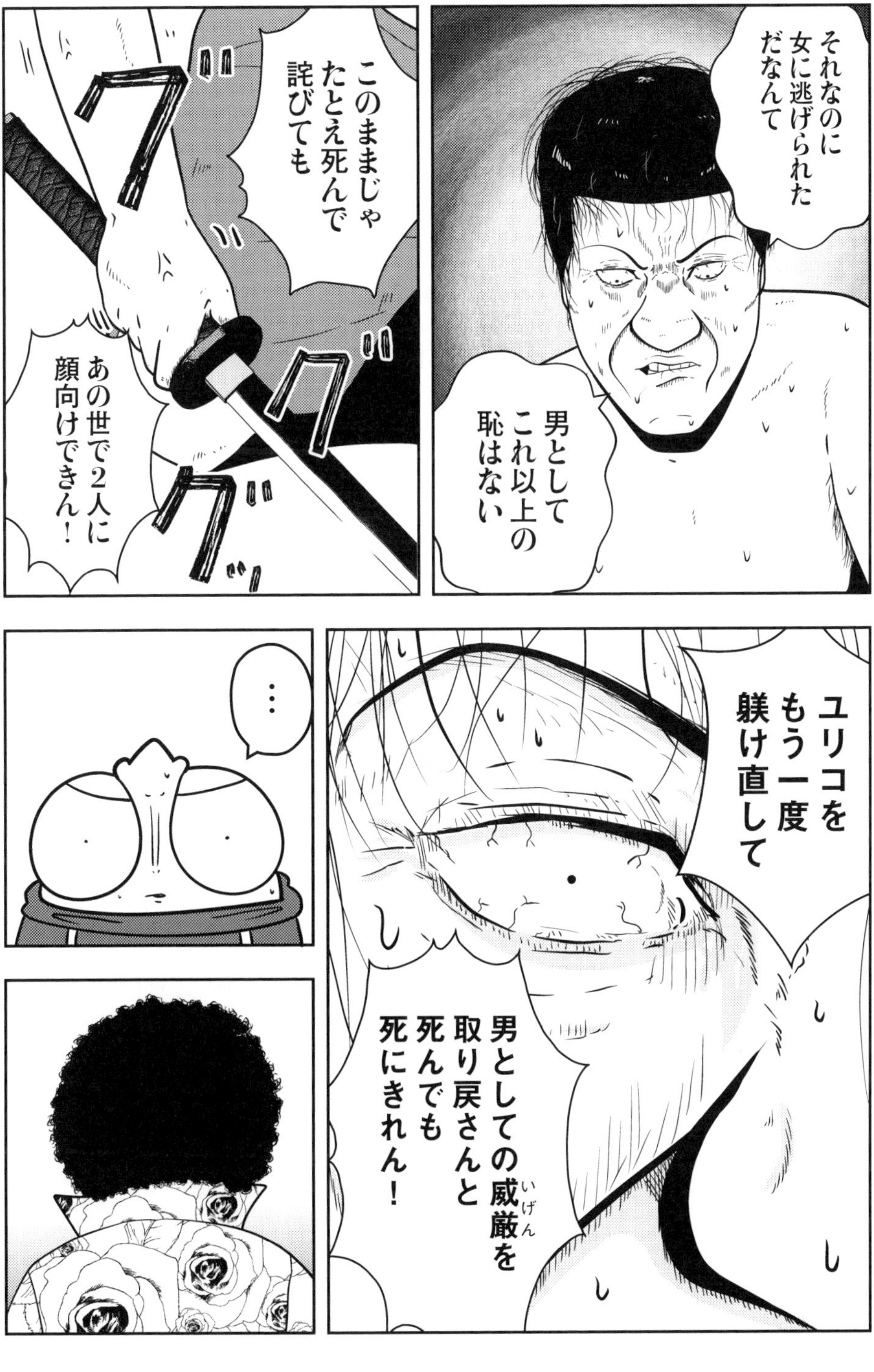
それなのに 女に逃げられた だなんて
男として これ以上の 恥はない
このままじゃ たとえ死んで 詫びても
グググ
あの世で2人に 顔向けできん!
ユリコを もう一度 躾け直して
男としての威厳《いげん》を 取り戻さんと 死んでも 死にきれん!
…

この仕事をしてると
アンタみたいな人間を山ほど見るよ
そんでそこから夜逃げした人みんな
憑《つ》き物が落ちたかのように笑顔になるんだ
アンタの母ちゃんとばあちゃんは
笑って生きて
笑って死ねたのか？
ユリコさんはアンタといて
笑って死ねるのか？

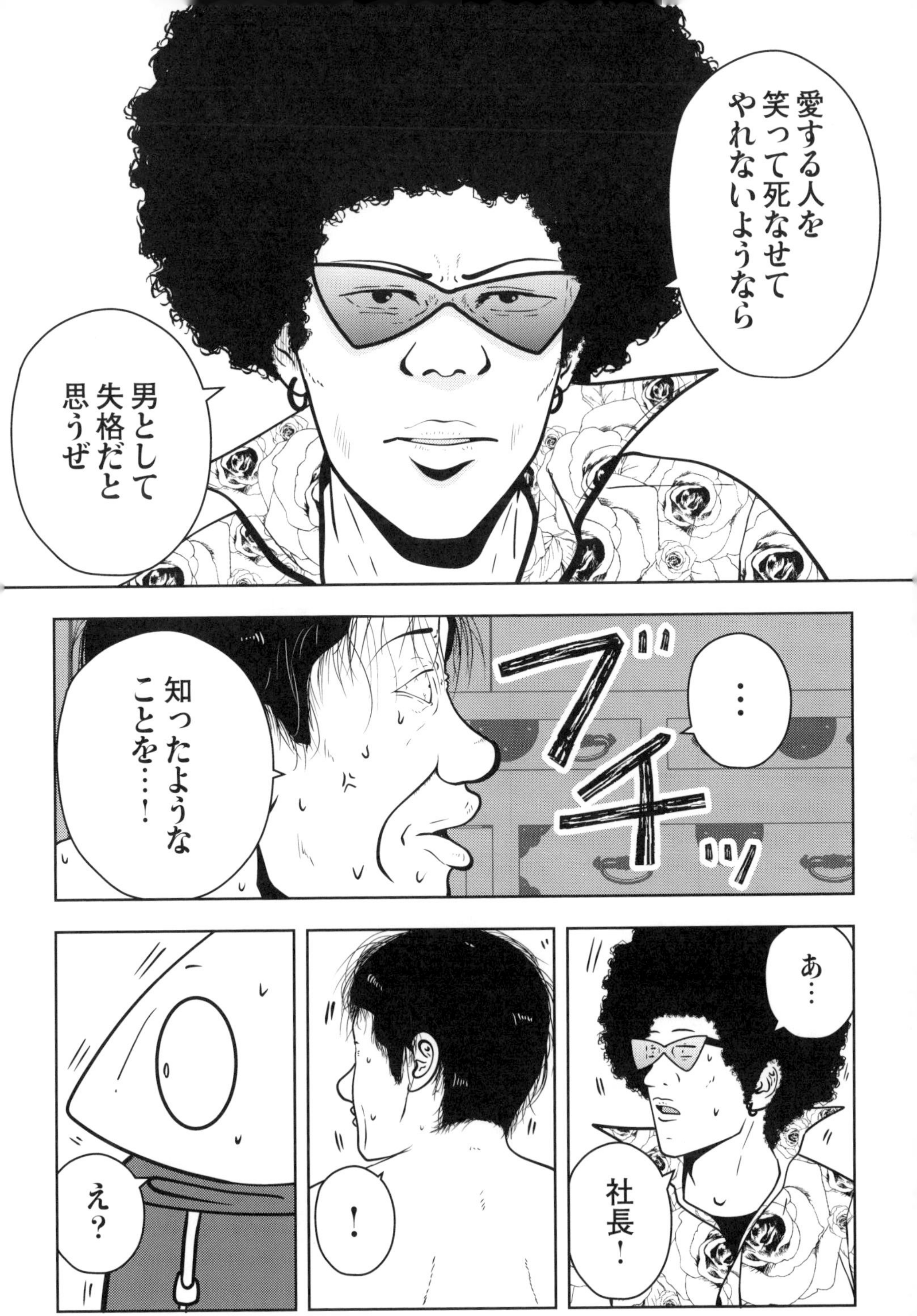
愛する人を笑って死なせてやれないようなら
男として失格だと思うぜ
…
ブイッ
知ったようなことを…！
あ…
社長！
！
え？

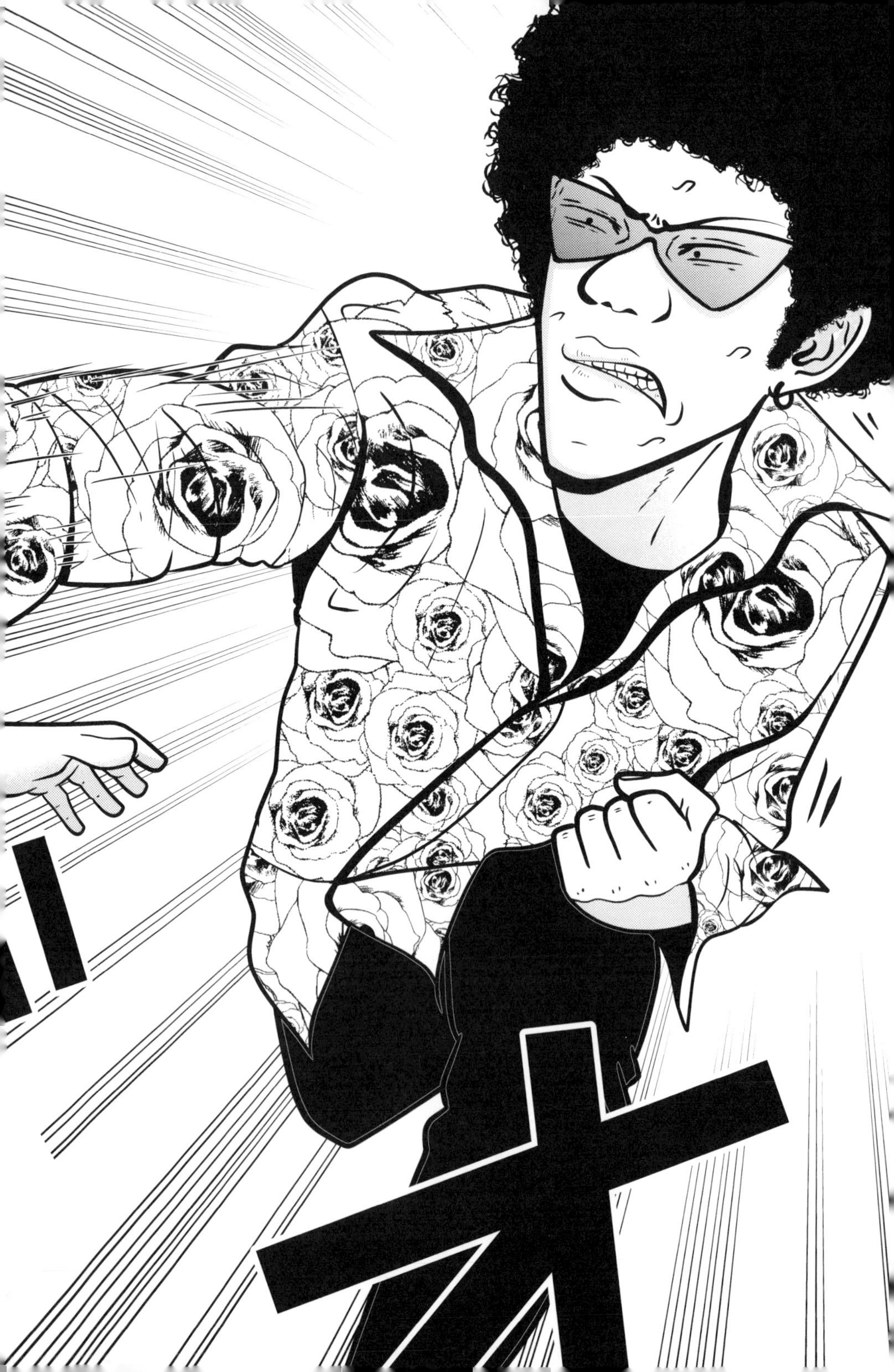
オ

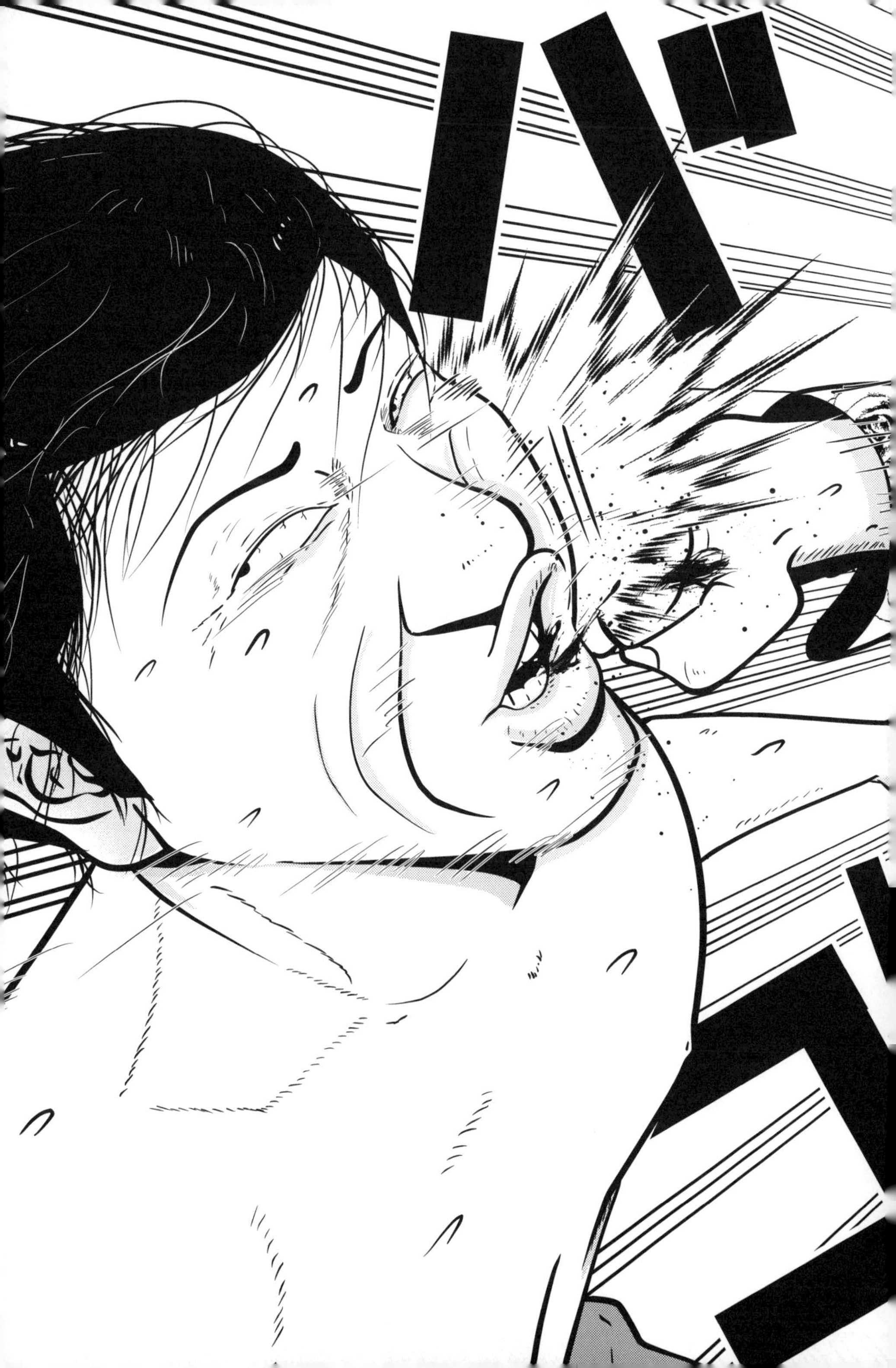
ド

あがっ！
喧嘩慣れしてないやつはかわいいね
カチャ
なんでも信じちゃうんだから
ホレ！お前持っとけ
ポ〜イ
ひぎゃあああ
ガシャ
躾だと？
言うこと無理矢理聞かせて
悦《えつ》に浸ってるだけじゃねぇか
シュボ
そんなしょうもないことに
死ぬまで耐えて頑張った
お前の母ちゃんとばあちゃんを尊敬するぜ

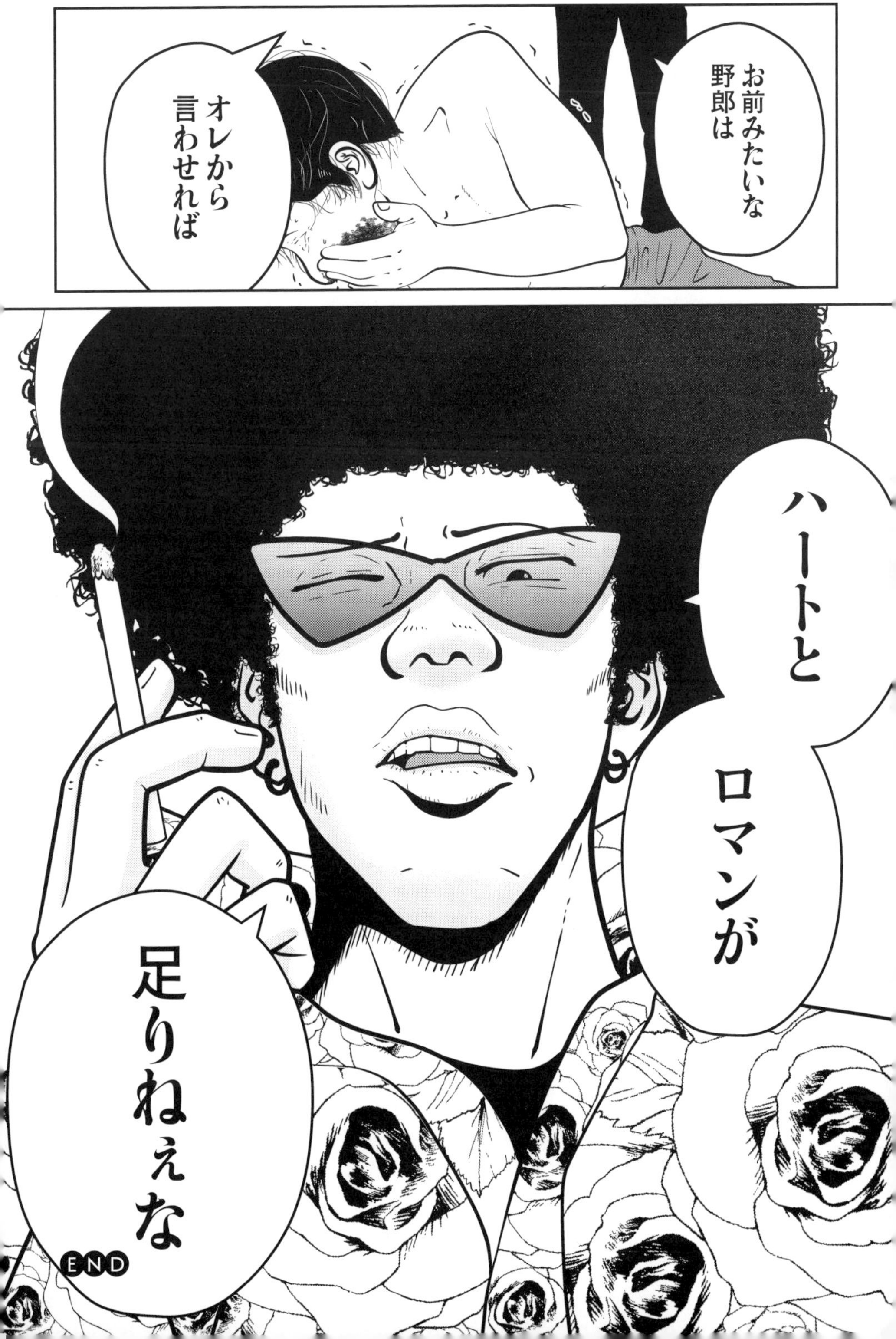
お前みたいな野郎は
オレから言わせれば
ハートとロマンが
足りねぇな
END

28日目 オレたち友達だろ！

搬出
完了しました
ハァ
ハァ
ハァ
ご苦労
大変だったな
に…20往復以降数えてないです
1人で運べるもんだけで良かったぜ
オレも手伝った方が良かったか～？
いえ！ドラゴンさんは
その人の監視を…

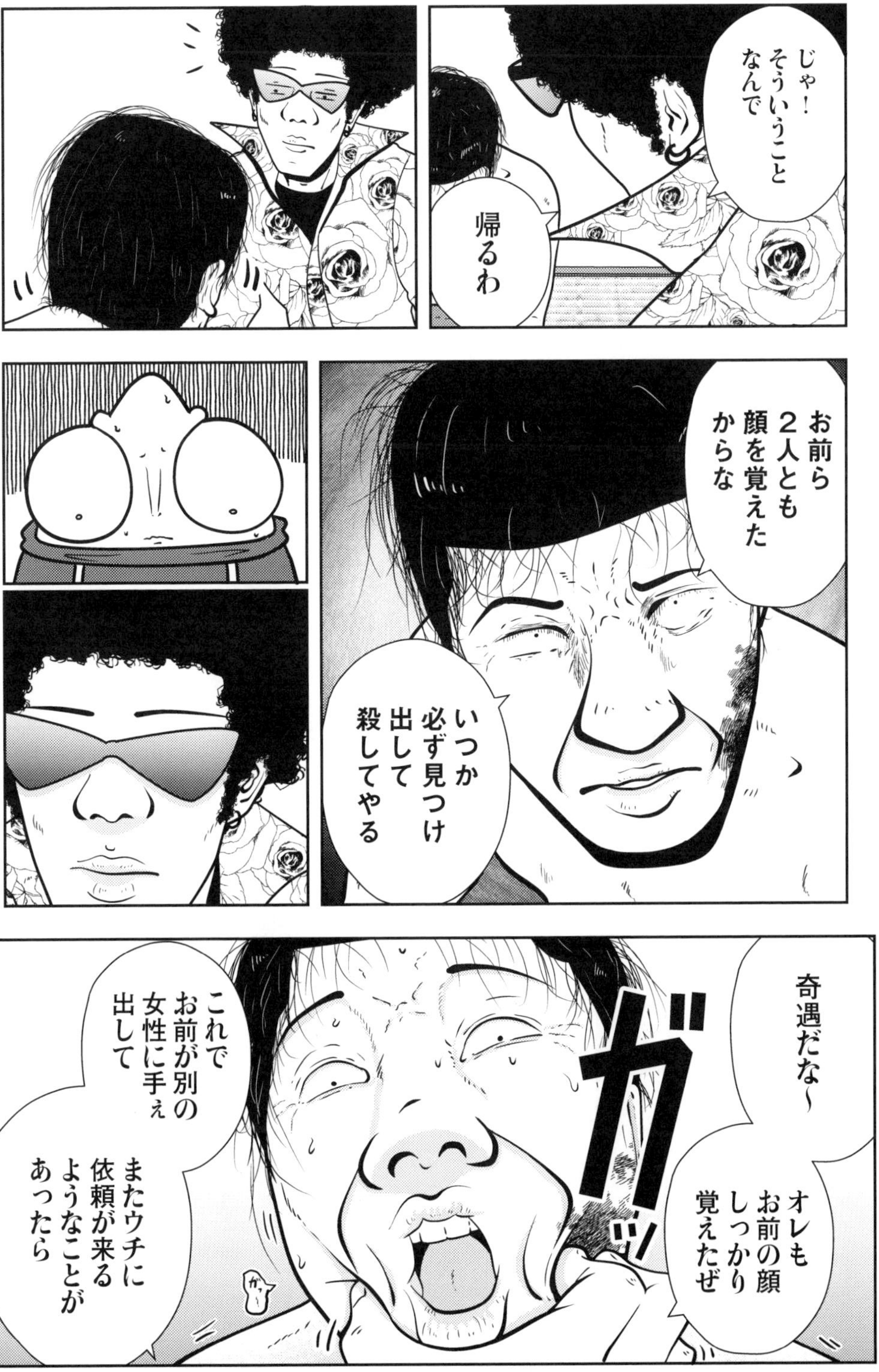
じゃ！そういうことなんで
帰るわ
お前ら２人とも顔を覚えたからな
いつか必ず見つけ出して殺してやる
奇遇だな～
ガッ
オレもお前の顔しっかり覚えたぜ
これでお前が別の女性に手ぇ出して
またウチに依頼が来るようなことがあったら

次は容赦しねぇ
覚悟しろよ
帰ろうぜ〜

地域医療支援病院
中央総合病院
移転先へ搬入完了しました
ほげ〜〜
しました
ご苦労様
こっちも警察の聴取が大変だったぞ
え
ありがとうございました
やっぱ警察沙汰なんですか
脚を骨折してる
骨折れてるしな

怪我を見て病院が警察を呼んでくれてな
私も弁護士呼んでたし
治療後に結構長い時間聴き取りしてもらったよ
今は依頼者宅に向かってるんじゃないかな
はぁ…
あの裏で
けど、いざ凶器を手にした異常者を目の当たりにすると
今から
死にまーす
はぁ？
こっちでも色々あったんだな…
あの…作業は大丈夫でしたか？
何かトラブルとかは…
ギクッ
あーっと…
…そのですね

いや
なにも
なかったぜ
そうですか
ほっ…
良かった
これから
大変だと
思うけど
頑張って
生きていきます
何か困ったこと
あったら
声かけてね
おうよ！
すぐに駆け
つけるぜ！

次会う時は
最高の笑顔で迎えてくれよな！
バア〜ン
決まったな…
…
鼻毛出てる…

今日は大変でしたね
まぁでもいい経験出来て良かったな
いい経験かな…
あ
てかお前!
うぇへい
オレのこともいつか漫画にするよな!?
はい?
オレのことは超イケメンに描けよ!
約束な!
え~…
え~じゃねぇよ!

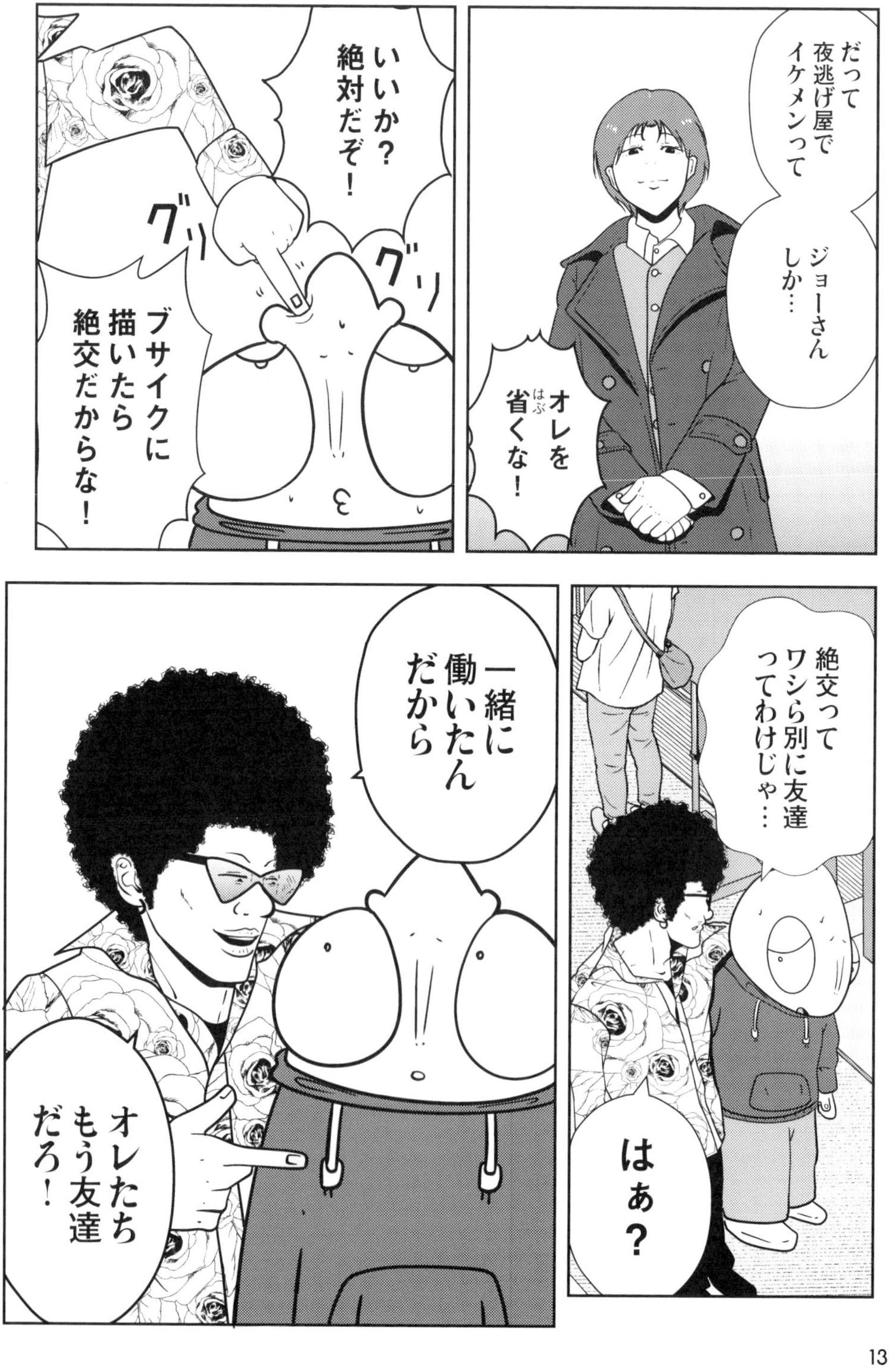
だって夜逃げ屋でイケメンって
ジョーさんしか…
オレを省《はぶ》くな！
いいか？絶対だぞ！
グリ
グリ
ブサイクに描いたら絶交だからな！
絶交ってワシら別に友達ってわけじゃ…
はぁ？
一緒に働いたんだから
オレたちもう友達だろ！

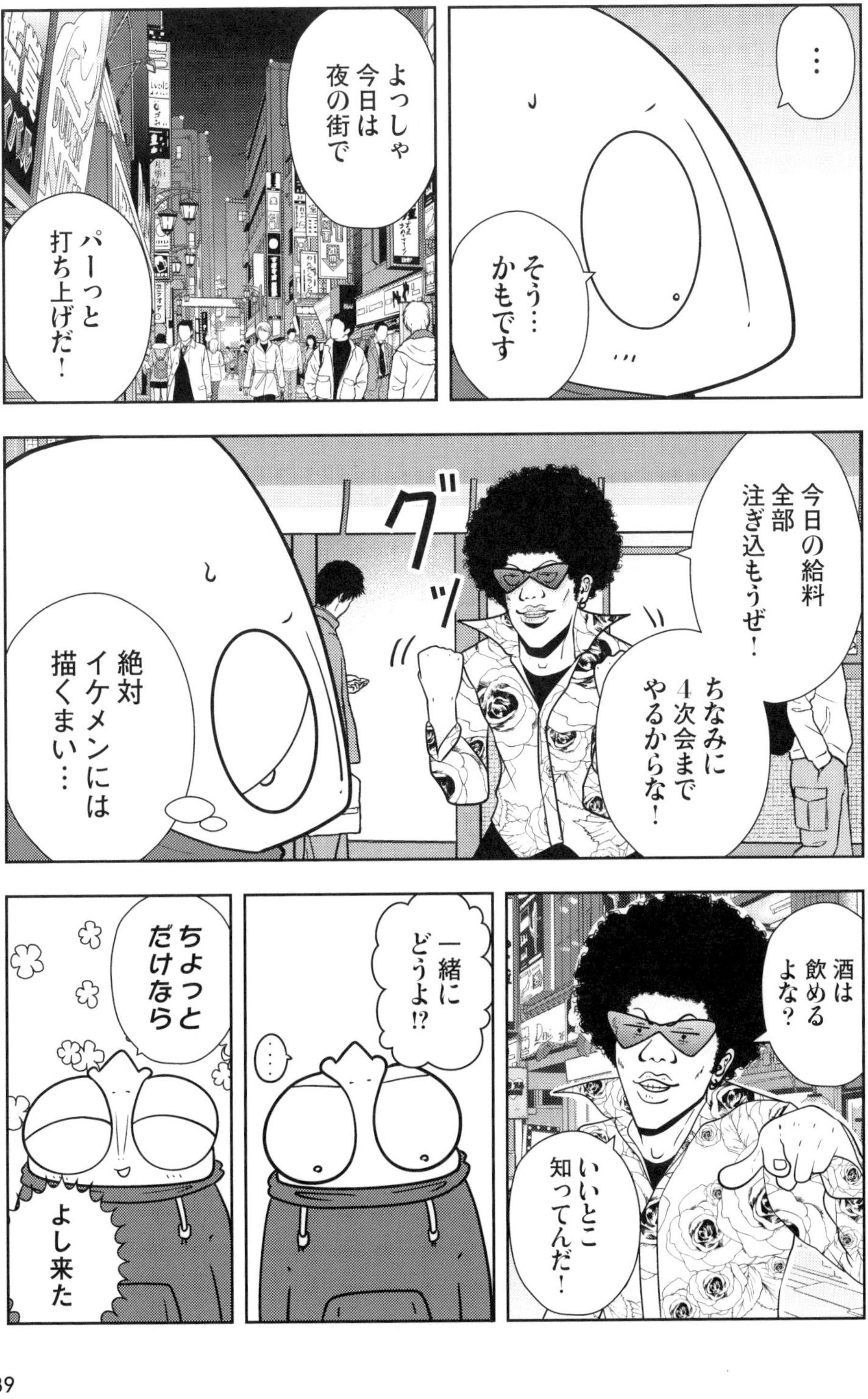
…
そう…かもです
よっしゃ今日は夜の街で
パーっと打ち上げだ！
今日の給料全部注ぎ込もうぜ！
グッ
ちなみに4次会までやるからな！
絶対イケメンには描くまい…
酒は飲めるよな？
いいとこ知ってんだ！
一緒にどうよ!?
…
ちょっとだけなら
よし来た

よっしゃー！楽しもうぜー！
よ…よっしゃー！
ロレンツォ
2F 3F 82席
PRINTO
モイ
日用品
B2F
100 YEN SHOP
平ストア

END

28.5日目 長尾隆一のその後

日本を離れ
遠い南国の地で
活躍中の
こちらの男性
長尾隆一さん
45歳です
その番組は
有名お笑い芸人が
司会の
有名バラエティー
番組で

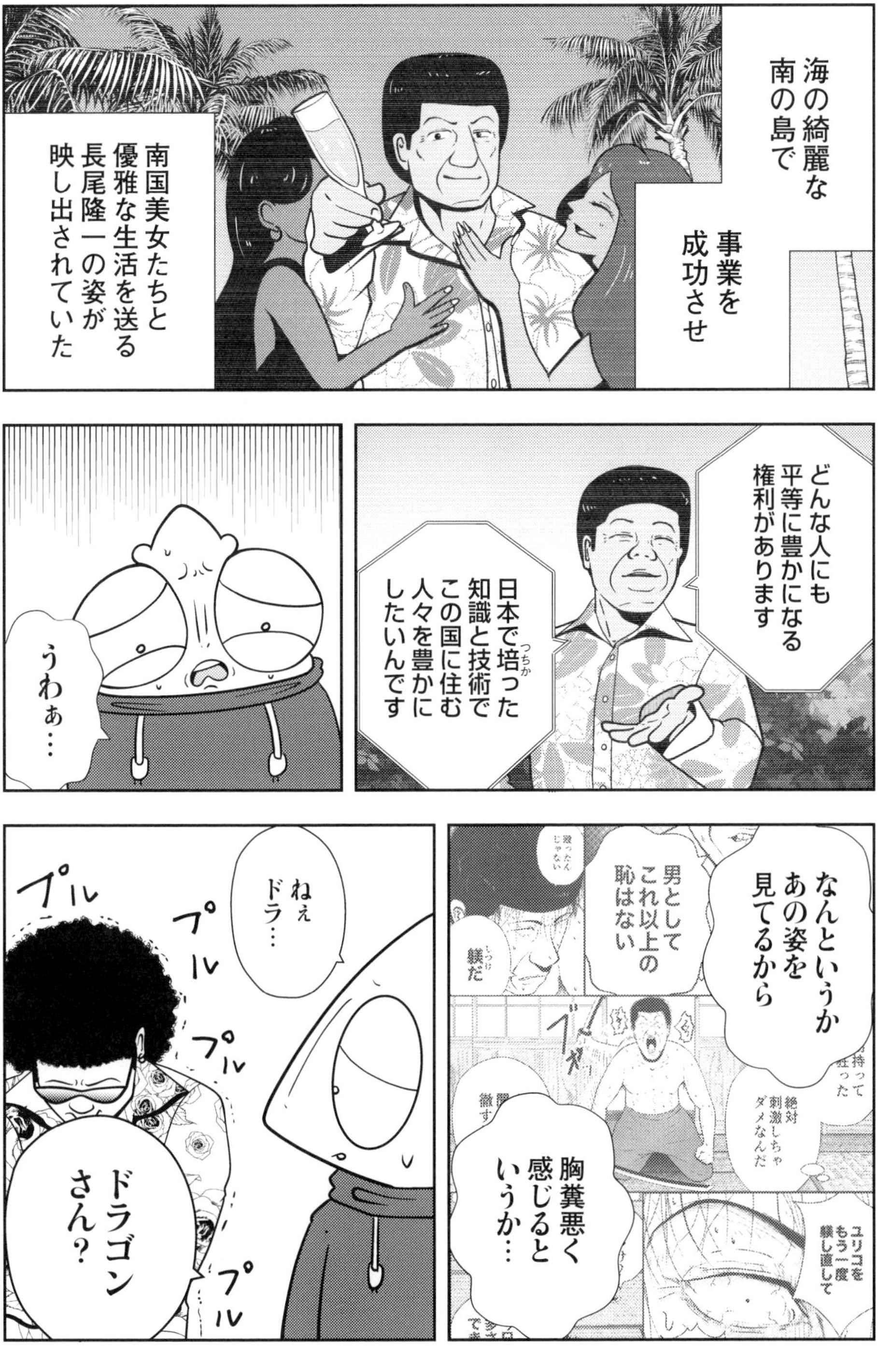
海の綺麗な南の島で
事業を成功させ
南国美女たちと優雅な生活を送る長尾隆一の姿が映し出されていた
どんな人にも平等に豊かになる権利があります
日本で培《つちか》った知識と技術でこの国に住む人々を豊かにしたいんです
うわぁ…
なんというかあの姿を見てるから
殴ったんじゃない
男としてこれ以上の恥はない
躾《しつけ》だ
絶対刺激しちゃダメなんだ
ユリコをもう一度躾し直して
胸糞悪く感じるというか…
ねぇドラ…
プル
プル
プル
プル
ドラゴンさん？

なんでこいつがモテて
オレがモテねぇんだよ！
シンイチ！テレビ局にタレコミに行くぞ！
ええ！
こいつの正体暴いて ボロクソにしてやらぁ！
仕事しよ…
こんな得体のしれないアフロの言うことなんて誰も信じてくれません
普通に不審者です
行っても無駄です
正論やめろ！
ちっくしょーー！

そこから更に月日が流れ…
シンイチドラゴンちょっといいか？
！
なんでしょう？
どしたらほ～い？
前にテレビに出てた長尾隆一の件なんだけど
元依頼者のユリコさんからまたあの男のことで連絡がきてな
堪忍してつかあさい
えー…なんすか？
オレ もうあいつの話聞きたくないっすよ
どうせ南国美女と再婚したとか…
いや そうじゃなくてな
あの男

死んだらしい
え…？
…

私も初めて知ったんだが あの男には 血の繋がった妹が いたらしいんだ
けど その妹が 遺体の受け取りを 拒否してな
他の親族も 全員拒否
んで まわりまわって ユリコさんの元に 連絡がきたんだと
…それで
遺体は…
受け取り拒否 したって
…

死因は？
知らん そこまで聞いてない
遺体がその後どうなるかも
海外のことだからさすがに私もわからん
ただ現地でそれなりに慕われているように見えたのに
そこでも誰も引き取ろうとしなかったらしい
多分ろくな死に方してないんじゃないか？
一応お前らには伝えといた
もう仕事終わったし帰っていいぞ
…

Bigg
なんか…後味悪いっすね…
確かにな けど自分で撒いた種だ
自業自得だと思うぜ
あんな家に生まれなきゃ
パカッ
もうちょっとまともな人生送れたかもな
線香なんて上等なもん
あげてやるつもりはねぇが
代わりにこのタバコで供養《くよう》ってことにしてやろうかな
シュボ

END

29日目 地球防衛軍

旦那の暴力が酷くて
うんうん
ネットで炎上しちゃって
うーん
駆け落ちしたいんです
ふむー
連日いろんな電話が来るな
社長ちゃんと寝られてますか？
昨日は2時間
すくなっ
ちゃんと寝ないと～
5分10分仮眠はするんだけどなぁ
私もともとショートスリーパーだし
ここ30年4時間以上連続で寝たことないんだ

寝てても電話が鳴ったら即起きるし
職業病っすね…
ふぁ〜〜
まぁこればっかりはしゃあねぇわ
ピピピピピ
あ 電話
もしもし
夜逃げ屋さんですか?
いかにも
仕事の依頼をしたくて
うん 何から逃げたいの?
逃げるというか…
仕事を手伝ってほしいんです
はぁ?
その…

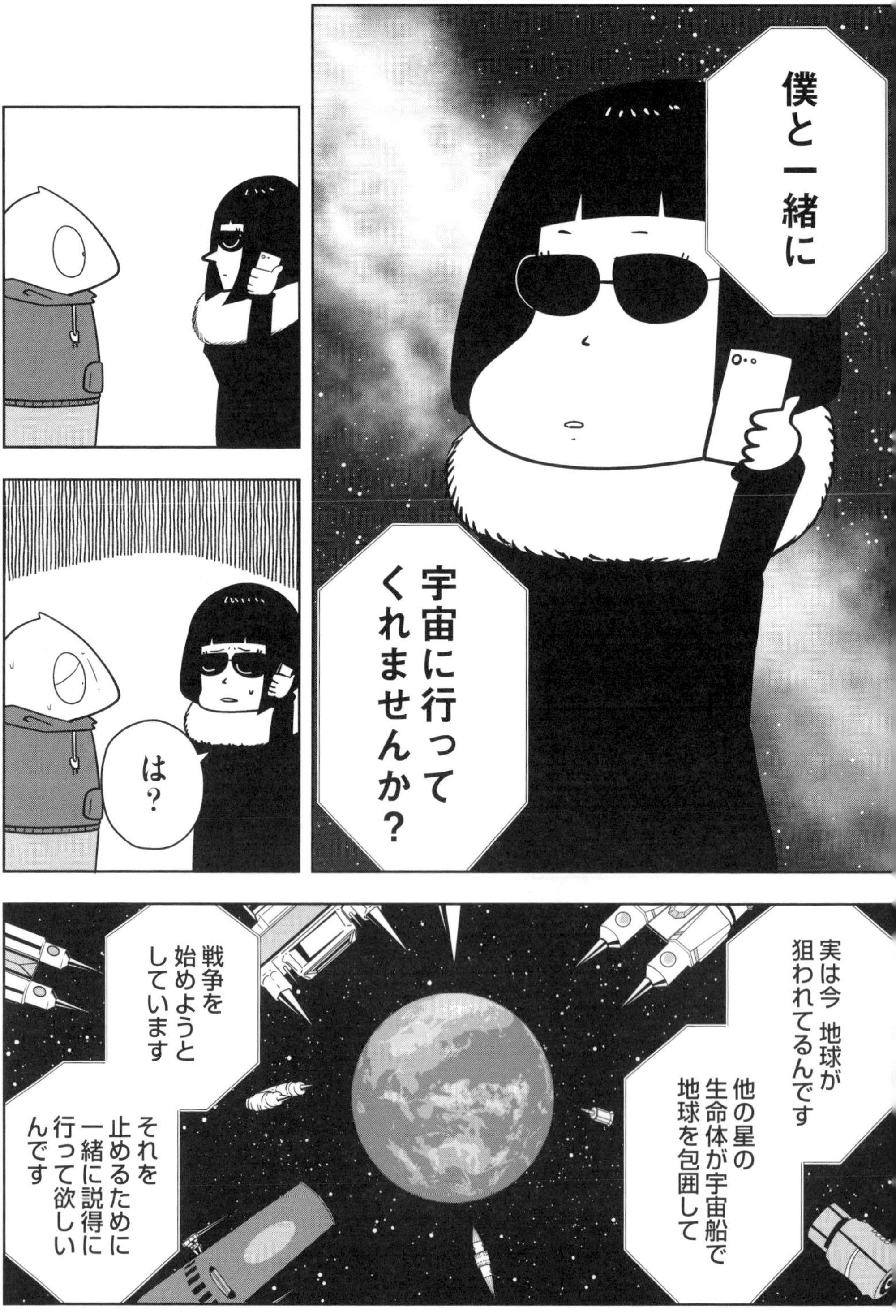
僕と一緒に
宇宙に行ってくれませんか？
は？
実は今 地球が狙われてるんです
他の星の生命体が宇宙船で地球を包囲して
戦争を始めようとしています
それを止めるために一緒に説得に行って欲しいんです

なんでお前の説得でそれが止まるんだよ
僕が同じ宇宙人だからです
地球には地球人に擬態した宇宙人がたくさんいて
僕はその一人なんです
お前…名前は？
地球人には発音できない名前なので…
Xとお呼びください
お…おう
今日は3月10日
2週間後の3月24日
宇宙船であなたを迎えに行きます
え…準備は…
身一つで大丈夫です では…！

ガハハハハ
あははは
なんでこんなイタズラ電話最後まで聞いたんですか？
ひぃ〜
こういう営業妨害は普段ならすぐ切るけど
な〜んか話がうまくて最後まで聞きたくなっちまった
満足しただろうからもうかけてくることないだろ〜
しかしXからは2日に1回電話がかかってきた
逆にこっちからかけると必ず3コール以内に出て
どんな質問にも間髪《かんぱつ》入れずに答えてくれた

なんで地球が狙われてるの？
実は宇宙はとても大きな1つの生命体なんです
地球はいわばその生命体の細胞の1つ
最近 地球が悪性化したと考えた連中が排除しようと動いてるんです
本当に説得できるの？てか なぜ社長？
説得できるかはわかりません
しかしアカシックレコードで調べてみたところ
社長を連れて行けばもしかしたら…
お前Xと組んで漫画描いたら？
設定すごいしヒットしそうですね
Xの顔想像で描いてみて
ガリ
ガリ
これが地球人モード
ほう

これが宇宙人モード
この戦争を終わらせに来た!!!
なんだこれくそカッケェ!
これXにあげるからくれ!
いいですよ
Xは夜逃げ屋の中でブームになっていた
俺 最近オカルト系動画ばっか見てるわ
ブオォオォ
VANAGA
僕も久しぶりに映画の『エイリアン』見てもうた
2人とも影響されすぎっすよ~
そうこうしている間に3月23日になった
ついに明日はXデーだな
ピピピピ
お!噂をすれば電話だ!

明日 20時に迎えに行きます
はて…？
どこに？
すみません宇宙船の整備で忙しいのでまた明日！
え ちょっと
なんじゃそりゃ
明日が楽しみですね
せめて集合場所は教えて〜
ガハハハハ
3月24日
この日夜逃げの仕事はなく
ズズズ…
みんなそれぞれの自宅にいた

了解致し
すぐ向かいます！
日
お疲れ様です。その後 Xから連絡ありましたか？
既読がつかないな
あれ？普段なら秒で返信してくれるのに…
電話… でも就寝中だったら申し訳ないよな
プルルルル
ただ今電話に出ることができません

3月25日
誰か社長と連絡取れた？
いや 電話も繋がらないいっす
僕もや
何があったんだよまじで…
ガチャ
ちぃーっす
!
ざわ… ざわ…
ちょっと！社長！
一体何があったんですか？
…
いやー実は…

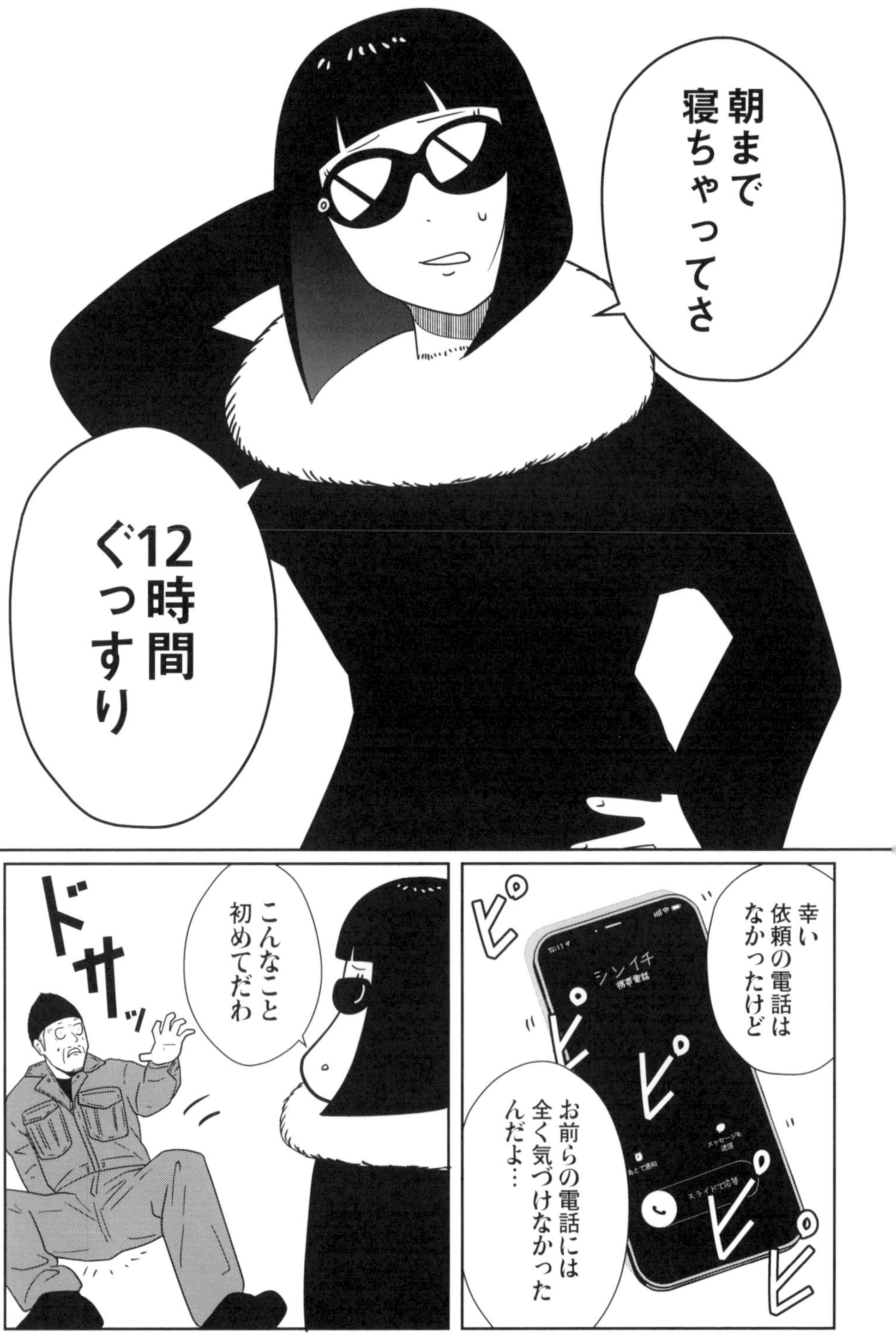
朝まで寝ちゃってさ
12時間ぐっすり
幸い依頼の電話はなかったけど
シンイチ
携帯電話
メッセージを送信
あとで通知
スライドで応答
ピピピピピ
お前らの電話には全く気づけなかったんだよ…
こんなこと初めてだわ
ドサッ

しゃ…社長は宇宙人に
記憶をいじられちまったんだ
宇宙に連れてかれた後
記憶を消されたんだ！
ええ
ゴリさんったらオカルト動画ばっかり見てるから…
とりあえずXに電話かけてみましょうよ
おかけになった電話は
電波の届かない場所にあるか
電源が入っていないためかかりません

嘘って バレるのが 怖くなって 着信拒否に してるんですよ
しかし
公衆電話を 含む
あらゆる 電話から
何回 電話を かけても
Xには 繋がらなかった
社長
ワシが描いた Xの絵
なんか 気味悪いんで 捨てません？
シュレッダー かけて…
すまん あの絵…

なくなったんだ
確かにカバンに入れてたんだけどな…
あれから数年経った今も
時々Xの話題になる
久しぶりに電話かけてみよ～
おかけになった電話は電波の届かない場所に…
だめだ～
Xとは一体なんだったのか

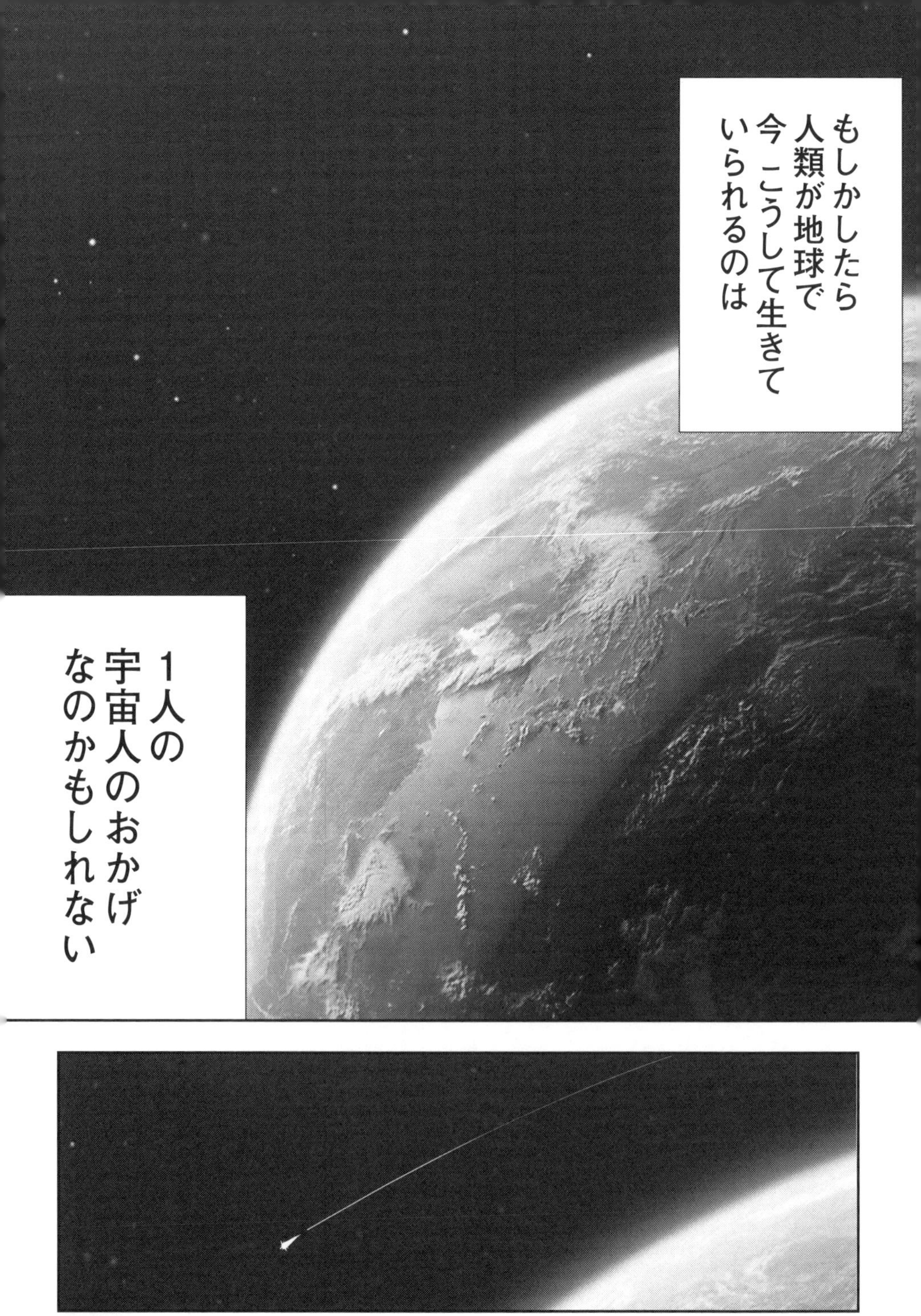
もしかしたら人類が地球で今 こうして生きていられるのは
1人の宇宙人のおかげなのかもしれない

END

30日目 漫画家になる理由

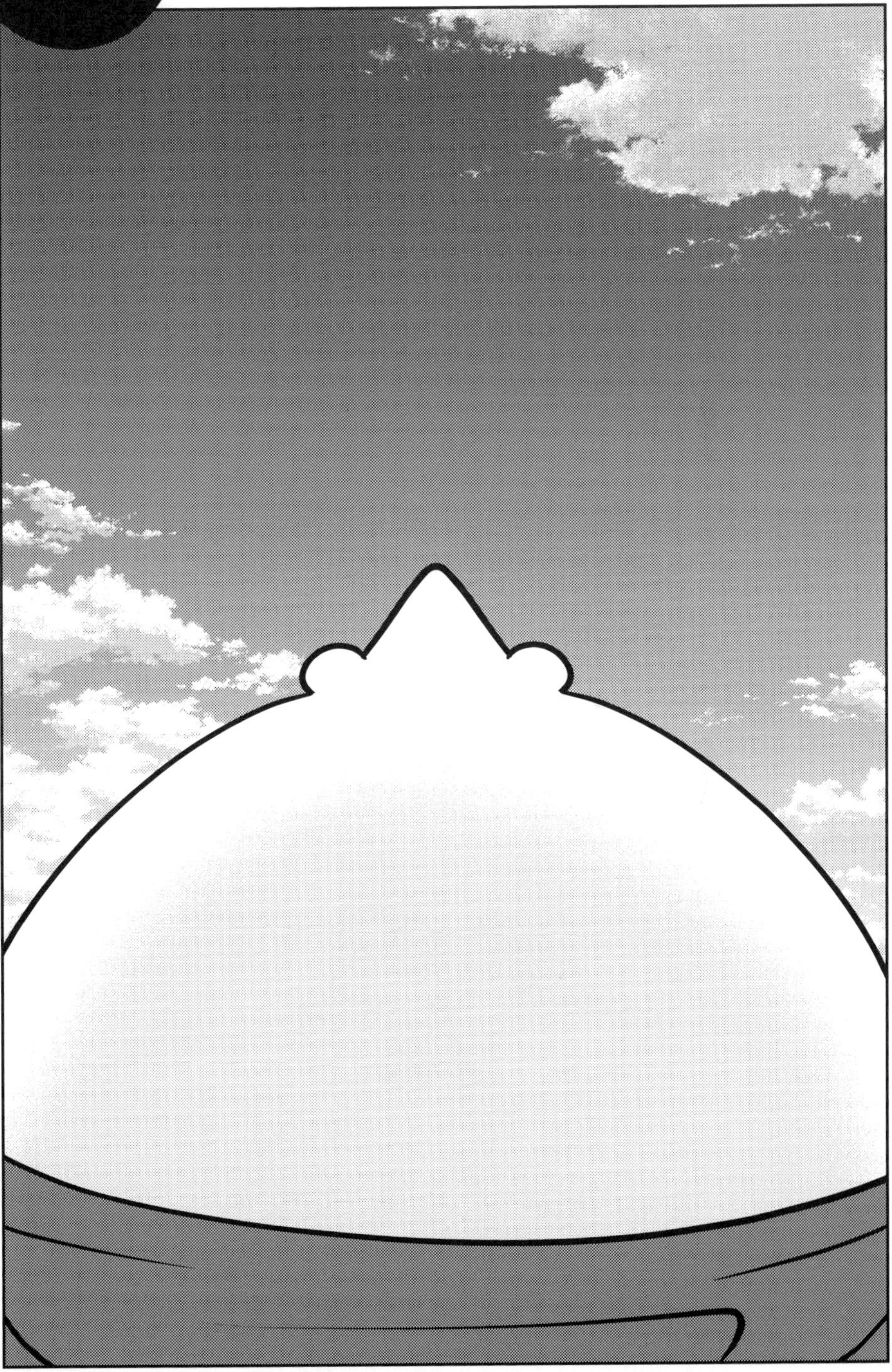

ザザーン…
遊泳禁止
NO Swimming
およぐことや、もぐることは、
キケンです。おやめください。

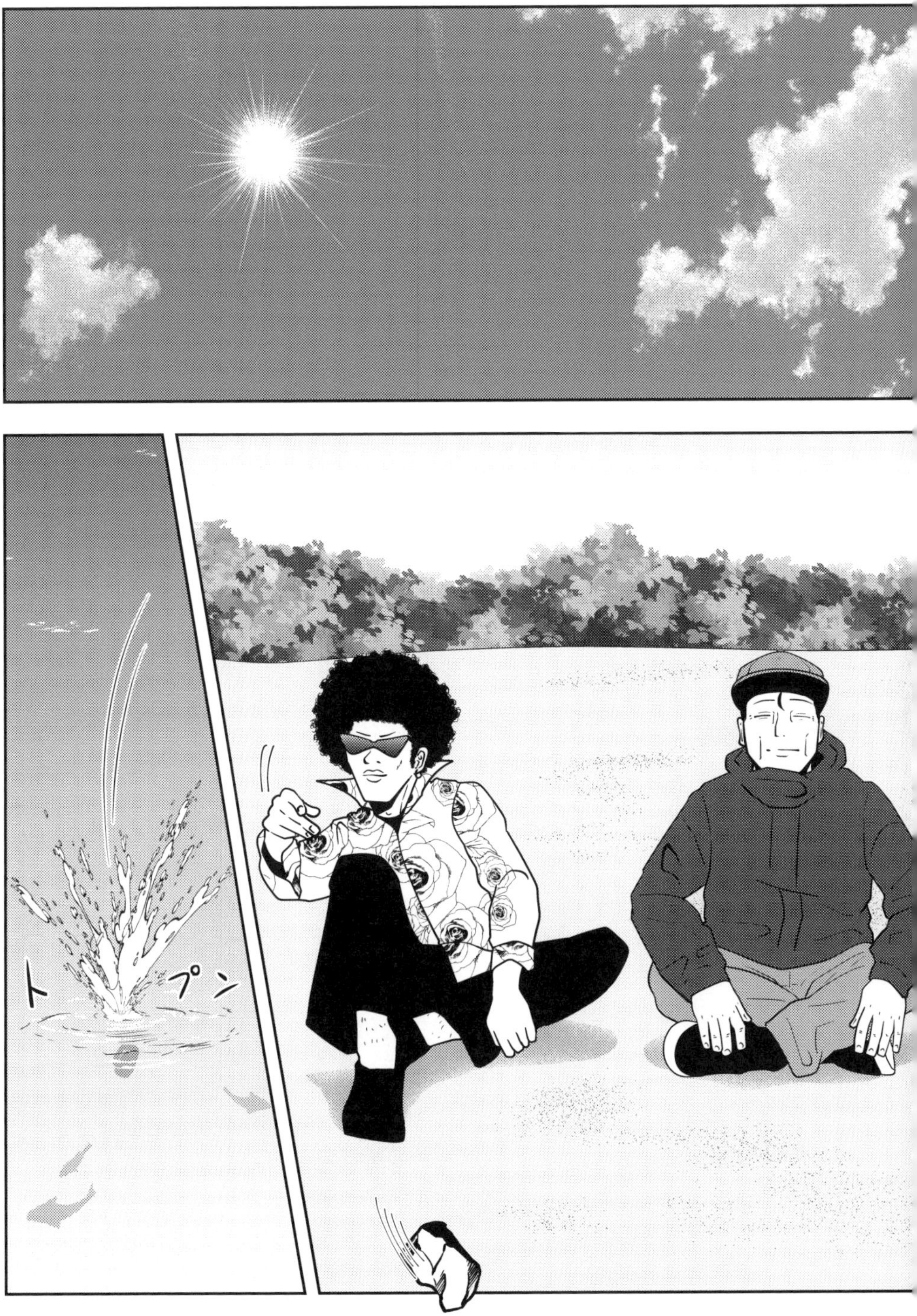
トプン

なんで海に集まったんです？
ドラゴン君が集めたんや
海で仲間が集まって
語り合う…
ロマンじゃん？
そのために呼んだの!?
社長は？
しょーもな…
ねよ…
仕事終わったら来るって言ってたぜ
さぁて男5人で手始めに猥談でも…
シンイチ君質問なんやけど

君は原作志望の漫画家なのに
なんで絵を描いてるんや？
それ 私も思いました
絵を描くのは作画担当でしょ？
シンちゃんが描く必要ないのでは？
何かこだわりでもあるんですか？
いや～
過去に3回コンビ組んでるんですよ
全部 解散しましたけど

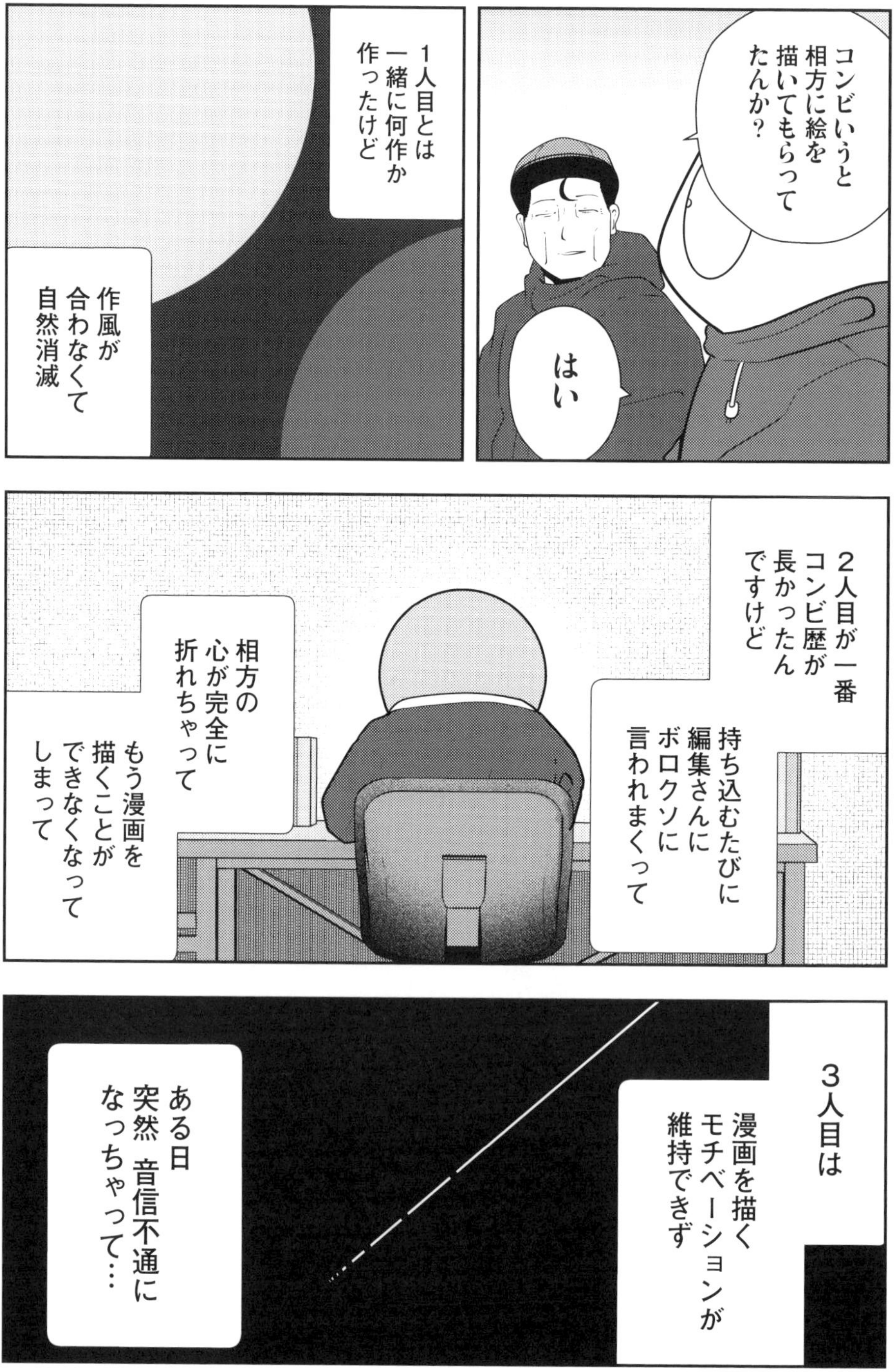
コンビいうと相方に絵を描いてもらってたんか?
はい
1人目とは一緒に何作か作ったけど
作風が合わなくて自然消滅
2人目が一番コンビ歴が長かったんですけど
持ち込むたびに編集さんにボロクソに言われまくって
相方の心が完全に折れちゃって
もう漫画を描くことができなくなってしまって
3人目は
漫画を描くモチベーションが維持できず
ある日突然 音信不通になっちゃって…

夜逃げ屋の漫画描いてるやつが夜逃げされてたってか！
ドラゴン君！
3人とも引き留めたりはしなかったんですか？
最初はそれも考えたんですけど
漫画描くのって時間と心を削られるから
無理に描かせるのは違うなってのと…
これ以上ワシの漫画に付き合わせて
相方の将来を潰しちゃいけないと思って引き留めませんでした

じゃあ ハートのある 新しい相方を 探しゃいいじゃ ねぇか
それも そうやな
いやー もう 新しい相方を 一から 探すより
腹を括《くく》って 自分で 描いた方が 良いような 気がして
だから 自分で描くって 決めてからは
絵画教室に 通ったり
美大の 友達に 習ったり
ハート あんじゃん!
まさかそれで 描いた作品が
ゴゴゴゴ
サムラップ
聞け
斬れ
踊れ
24 KOBE
宮野シンイチ
い…いつか ビッグな漫画家に なりますとも!
結局のところ それが一番の 解決策です!

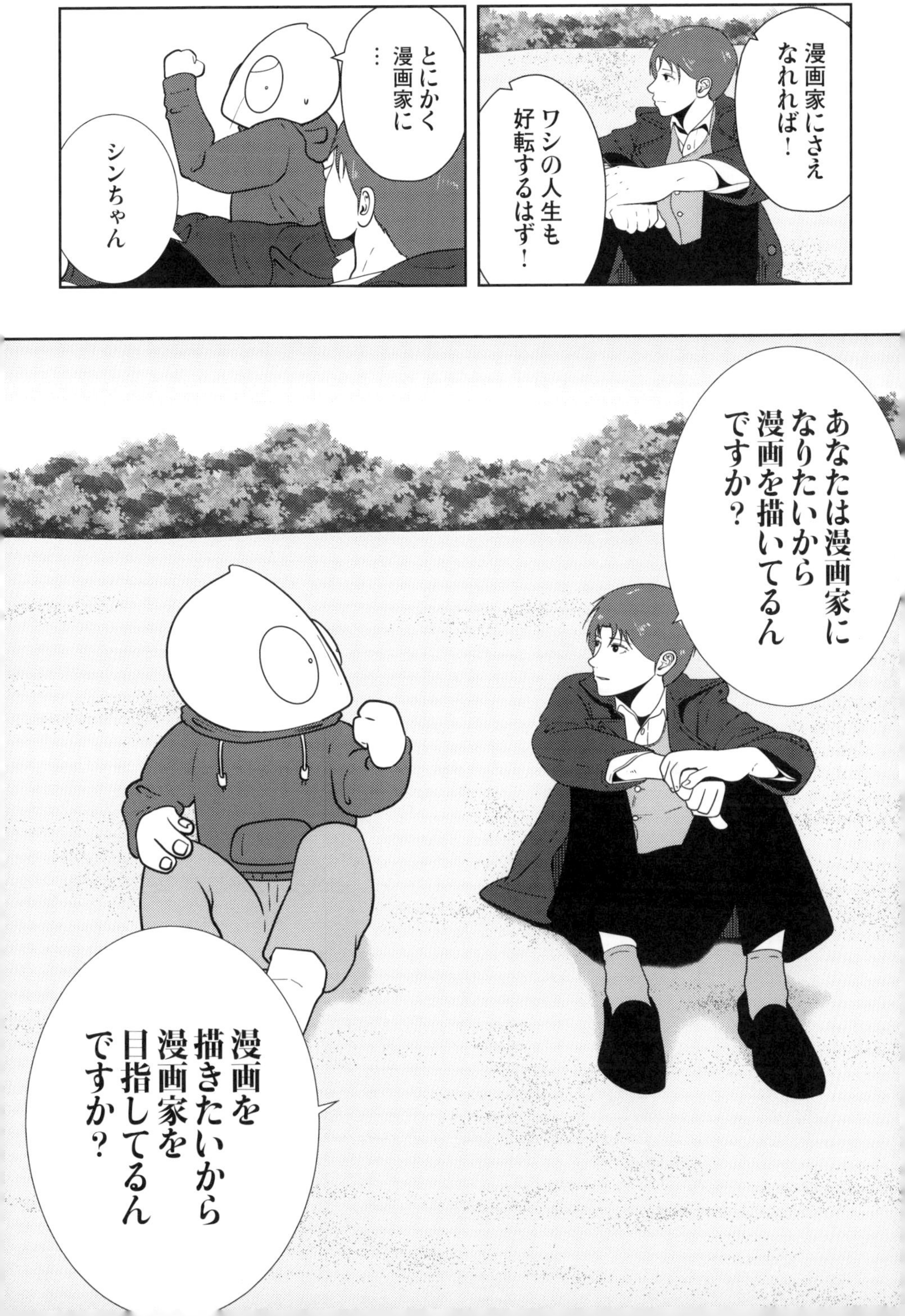
漫画家にさえなれれば！
ワシの人生も好転するはず！
とにかく漫画家に……
シンちゃん
あなたは漫画家になりたいから漫画を描いてるんですか？
漫画を描きたいから漫画家を目指してるんですか？

…え
ジョーさん 何を言うとるんや
同じ意味じゃねえか（笑）
そうでしょうか…
私は…
あ
シンちゃん そんなに考えこまないでください！
たかが素人の戯言《ざれごと》です
ごめんなさい…
あ… いや… ははは
ジョーさんのこの質問…

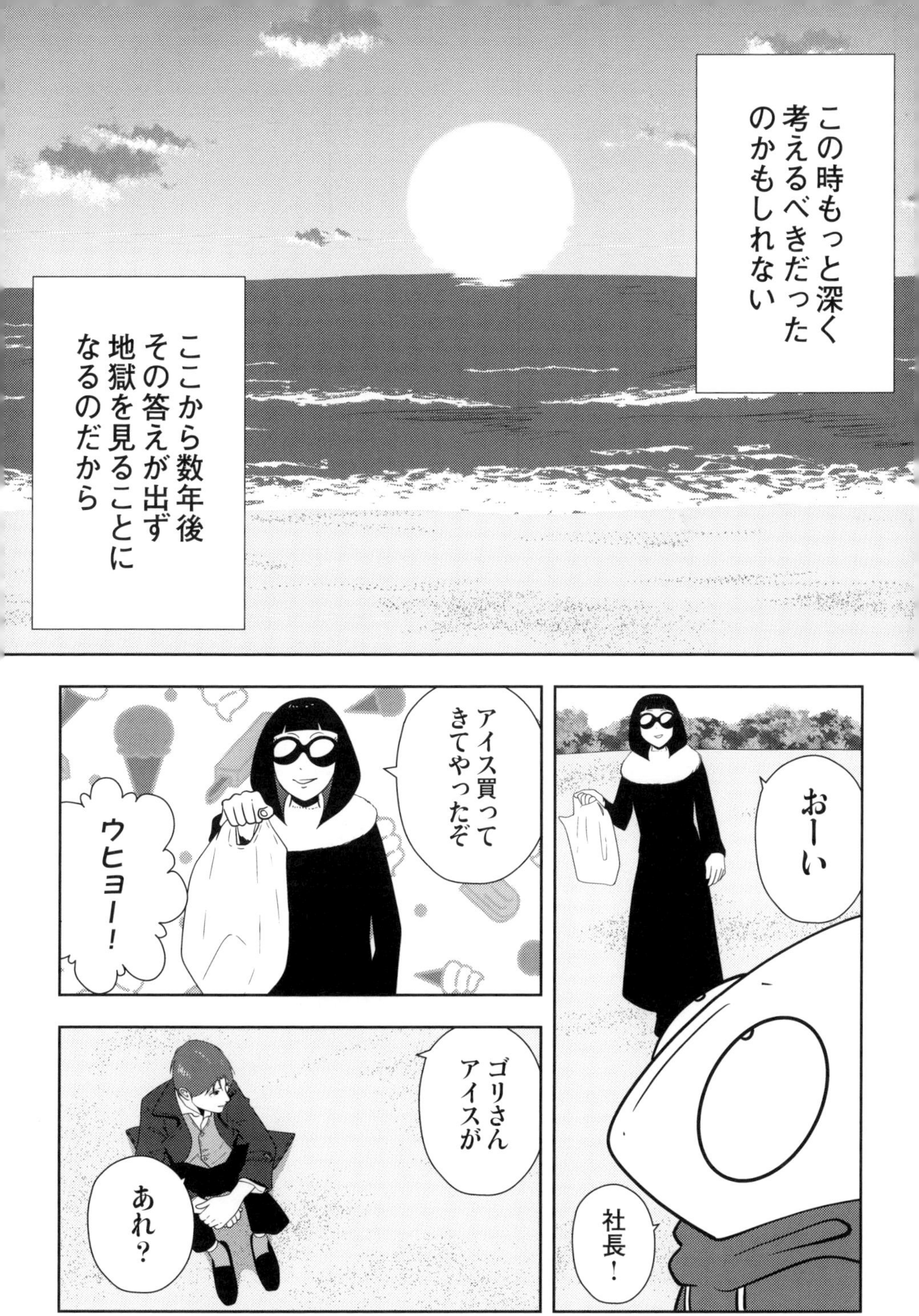
この時もっと深く
考えるべきだった
のかもしれない
ここから数年後
その答えが出ず
地獄を見ることに
なるのだから
おーい
社長!
アイス買って
きてやったぞ
ウヒョー!
ゴリさん
アイスが
あれ?

シャリ
シャリ
は…早い
ジャイアントコーンありやすか？
あるぞ
ウホっ
宇治抹茶あります？
あるぞ
やった
アイスで一《いっ》喜《き》一《いち》憂《ゆう》なんて皆さん子どもですね
ところでサクレはありますか？
ない
…そうですか
なんの話してたんだよ
シンイチ君の漫画の話です
ペリッ
またおもんなさそうな…
ひどい…

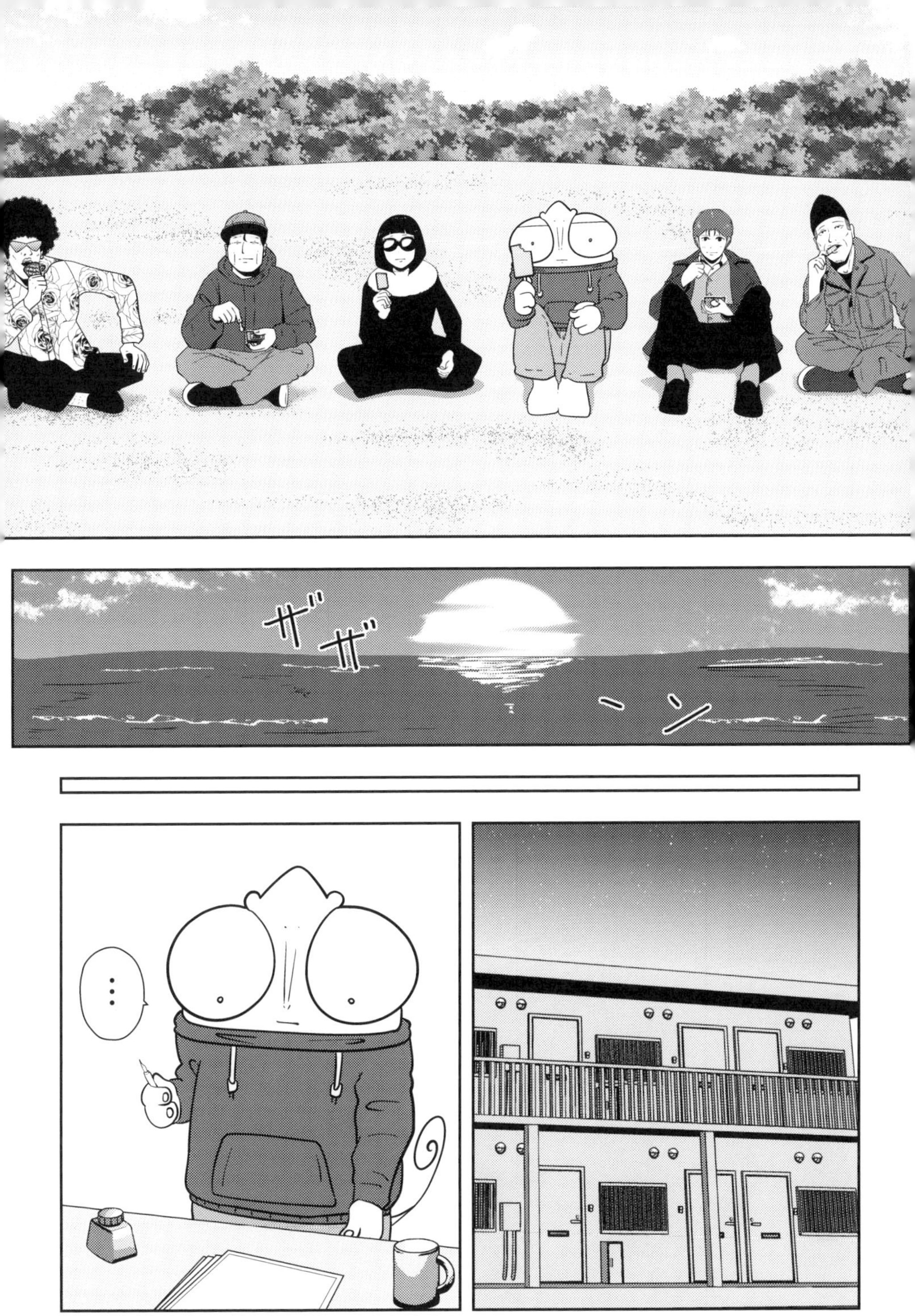
ザザーン
…

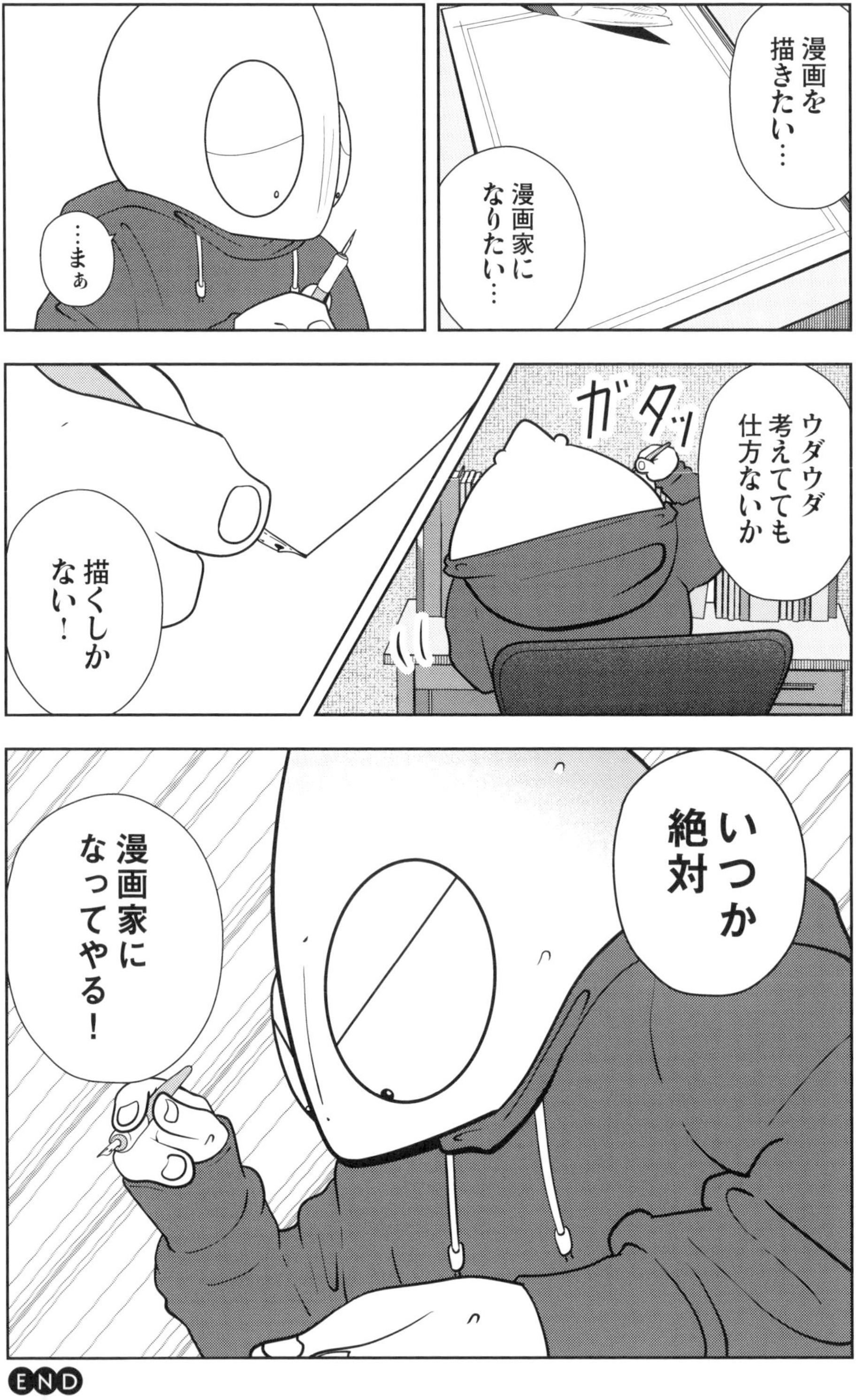
漫画を描きたい…
漫画家になりたい…
…まぁ
ガタッ
ウダウダ考えてても仕方ないか
描くしかない！
いつか絶対
漫画家になってやる！
END

卵焼き

別日
前編

まもなく
3番線に電車がまいります
危ないですから
黄色い点字ブロックまで
お下がりください
ファ

タイチ あんた
忘れもんない？
大丈夫だって
母ちゃん
心配しすぎだよ
忘れもん
あったら
すぐ電話
しぃよ
母ちゃん 東京まで
届けちゃるけぇ
荷物は
もう全部
社宅に送っとる
ってば
じゃあ…
タイチ
これ
弁当
弁当？

そんな…
作ってやれるの最後じゃけ
卵焼きも入れたよ
…ははっ
ありがと
辛くなったらいつでも帰ってきぃや…
いや
やっと入れた大手企業じゃけ
どんなにキツくても
3年は帰らず仕事に専念せにゃあ
ガチャ

出世したら しっかり 仕送りして
母ちゃんに 楽させちゃる けぇね
んじゃ
行って きます
相変わらず でっかいなぁ
卵焼き

新人挨拶！岩下！
はい！
岡山から来ました岩下タイチです！
今日からよろしくお願いします！
次！同じく新人の神原！
はい！
岩下君だったよね
俺5年目の遠崎よろしくね
はい！よろしくお願いしま
なんでウチに入ったの？
あっと…ウチ母子家庭で
ずっと母に苦労かけてきたので
ここなら給料も福利厚生もしっかりしてるので安心して…
あちゃ〜

君 もしかして真面目なお人好し？
ど…どうですかね
今月の営業ノル
いいかい？ここで生き残るコツを教えてあげるよ
あれ見てみな
あれ…？ノルマですか？
河野
佐田
和田
そう仕事においては人間関係も誠実さも全部上っ面《うわっつら》だけにして
自分のノルマのこと以外考えちゃダメ
それができない人間は必ず潰れる
安松
河野
佐田
まぁ せいぜい死なないようにね

4ヵ月後
バン
オラァ！全員集まれ！
はい！
今月の営業ノルマ表
安松
河野
岩下
佐田
今月の営業ノルマ！
ほぼ全員が順調に達成してる中
達成できてないゴミが2人いる！
岩下！
河野！
岩下はまだ新人だから大目に見るが
河野 お前 2年目だろうがゴラァ！

やれ
スッ…
全員
カメラ用意
きっちり
撮れよ
パシャ
パシャ
ノルマ達成
できなかったら
次は自分がこうなる
戒《いまし》めとして
今撮った
写真は
お気に入りに
入れて
いつでも
見返せる
ようにしとけ

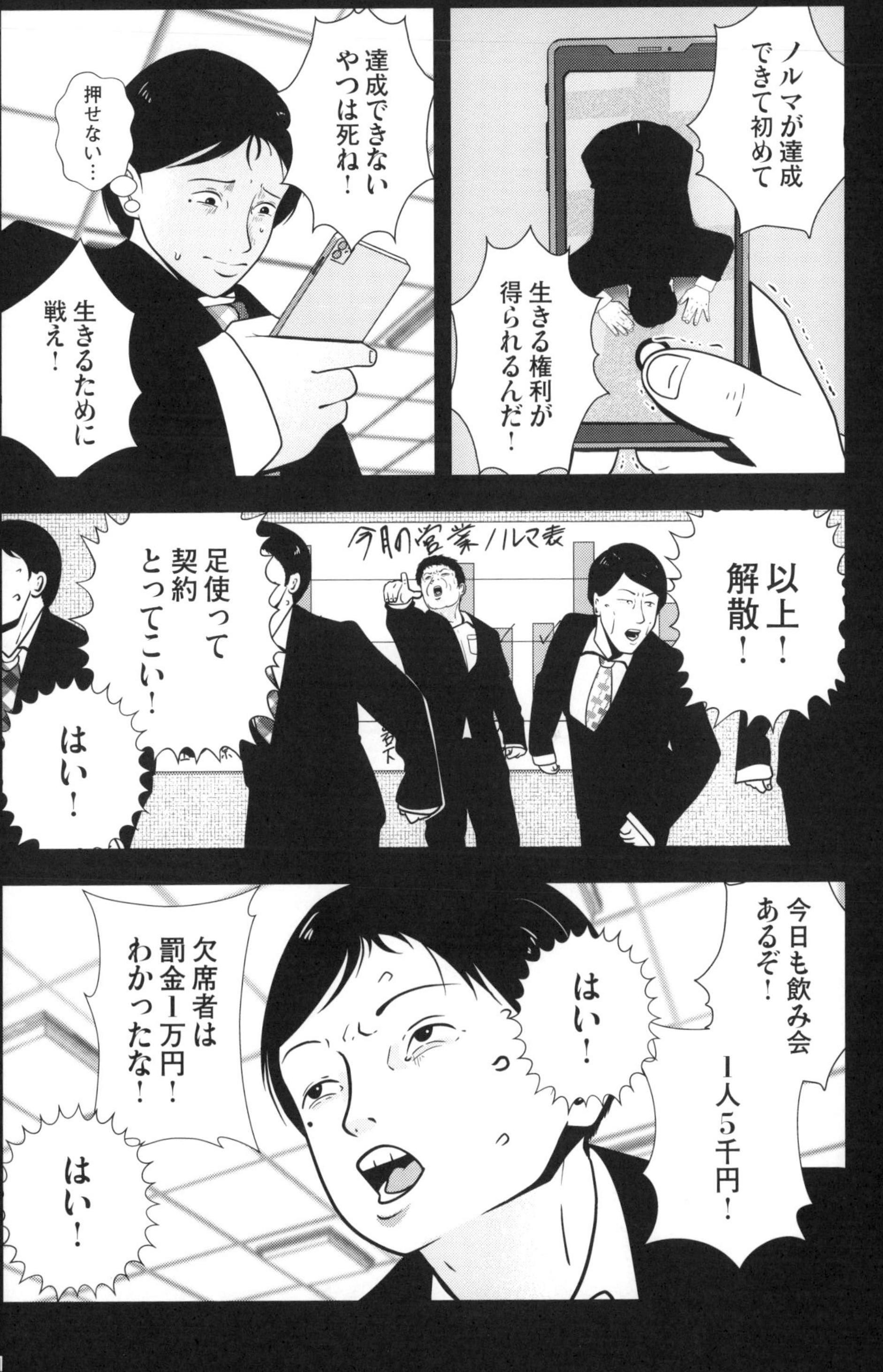
ノルマが達成できて初めて
生きる権利が得られるんだ！
達成できないやつは死ね！
押せない…
生きるために戦え！
今月の営業ノルマ表
以上！解散！
足使って契約とってこい！
はい！
今日も飲み会あるぞ！
1人5千円！
はい！
欠席者は罰金1万円！わかったな！
はい！

神原
安松
河野
岩下
佐田
加山
はい お世話になっております
プランAで進めて…
え? プランF? 変更ですか?
…え?
え? 違う?
あ… え?

誠に申し訳ございませんでした
申し訳ございませんでした！
こちらの不手際で
八木様に多大なるご迷惑を
岩下には私 河野から厳しく
指導をしておきます
この件部長には黙っといてやるよ…
あ…ありが…
…8万
え？
金だよ

そんくらい安いもんだろ
部長にバレたらノルマ倍にされるぞ
いやでも僕ずっとノルマ未達成で
その分給料から天引きされてるので…
だったらお前の担当の中で
契約とれそうな人間を俺にまわせ
それで許してやる
お前の顧客名簿出せ
…
岩下〜
お前そろそろ入社して1年だろ

新人の期間はもう終わってんだよ
河野でも契約とってんだぞ～
わかってんのかよおい
申し訳ありません
パシャ
あれ？もしかして泣いてる？
パシャ
泣いたらノルマ達成できんの？
パシャ
パシャ
いいえ
だったら
ピピピピピ！
電話…！
顧客か？
バッ

08:30
着信中
母ちゃん
拒否
応答
ピピピピ
すいません 母から…
出ろ
え？
みんなの前で
今すぐ
あぁ！ タイチ！ やっと電話に出た 大丈夫？ そっちは どうなの？
あ… ごめん ここ最近 忙しくて…
… ちょっと 疲れてる？
やっぱり 1回くらい 帰ってきても いいんじゃない？
あんたの 好きな卵焼き 作ってあげる から

卵焼き（笑）
やっぱり1年に1回くらい顔が見たいよ
だっせ
母ちゃんずっと待ってるから
タイチ？聞いてるの？
うん
ごめんね母ちゃん

有休使って病院行きたい？
すいません ちょっと 最近体調が
はぁ
ゆとりかなんか知らねぇけど
お前ら若造から
毎年こういう甘ったれが出るんだよ
今月の残業 今何時間だ？
120時間です
ほら残業時間数えてる
え？
数えてる時点で女々しいんだよ
女かお前は

残業は150時間からが本番！
社会人の常識だろ
すいません
医者に行ってもどうせ鬱《うつ》とか言われるんだ
そんなしょうもない診断受けてみろ
鬱になったってレッテルのせいで顧客に警戒されて今よりもっと契約とれなくなるぞ
それでウチをクビになったら待ってるのは地獄だ
1年そこらでまともにノルマもこなせず辞めた鬱病もちの脳無しなんて
どこも雇っちゃくれない

いいか？ 診断さえ もらわなければ お前は 病気じゃない
まだ 戦えるって ことだ
病院に行ったら お前の人生は そこで終わる
心の病は自力で 乗り越えてこそ 一人前の社会人 なんだよ
それでも病院に 行きたいなら 勝手に行け
休んだ分 給料から 引いとく
あと今日も 飲み会だから それも欠席に なって
その分の 罰金も払って もらうからな
んで どうする？
働く？ 働かない？
働きまひゅ

まもなく
3番線に電車がまいります
危ないですから
黄色い点字ブロックまで
ふら～
ふら～
お下がりください
ガタン
ゴトン

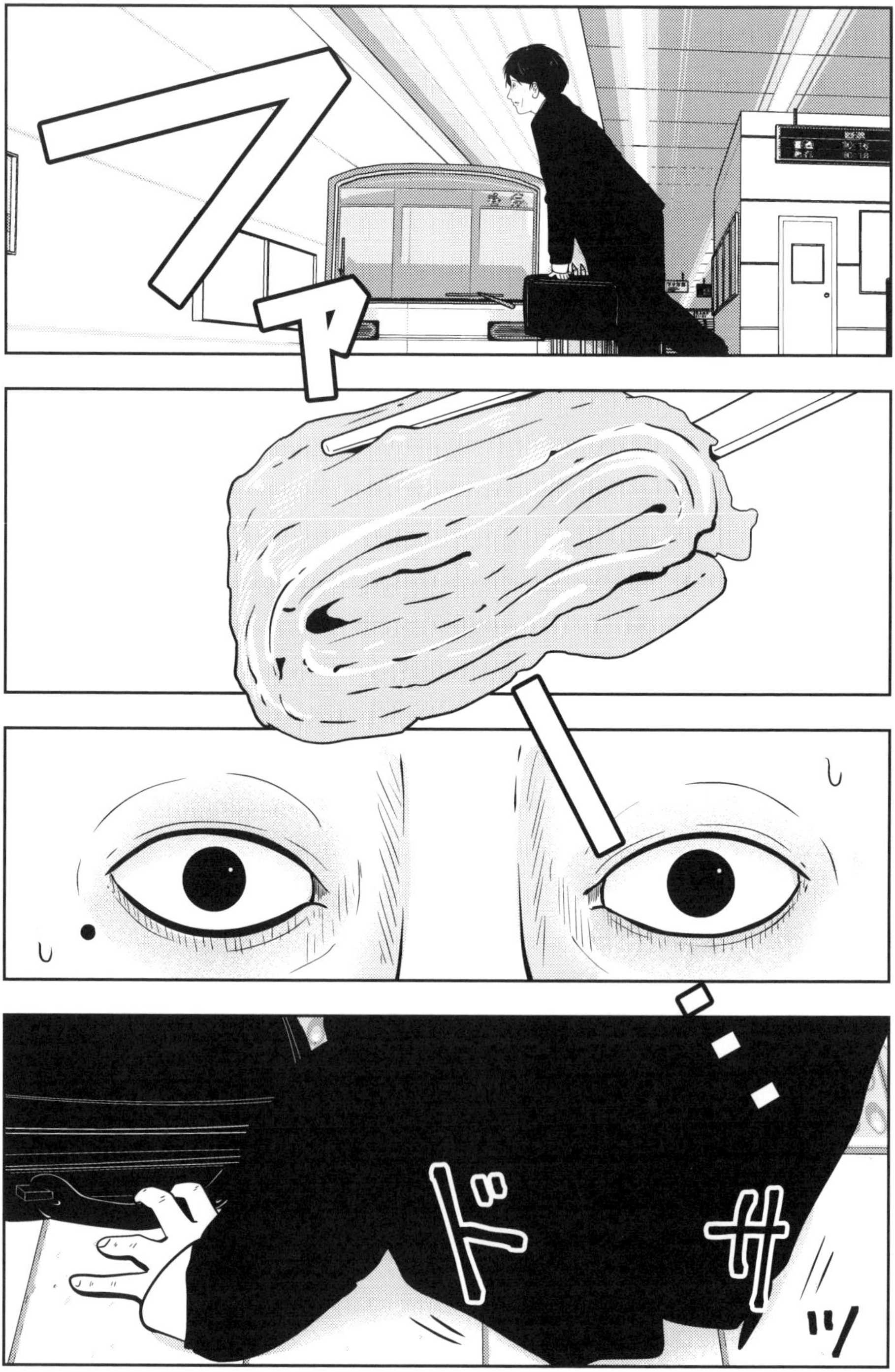
ファー…
ドサッ

ギィィィィ
なになに?
大丈夫?
ざわ
ざわ
ははっ
最後に思い浮かべるのが…
母ちゃんの卵焼きかよ

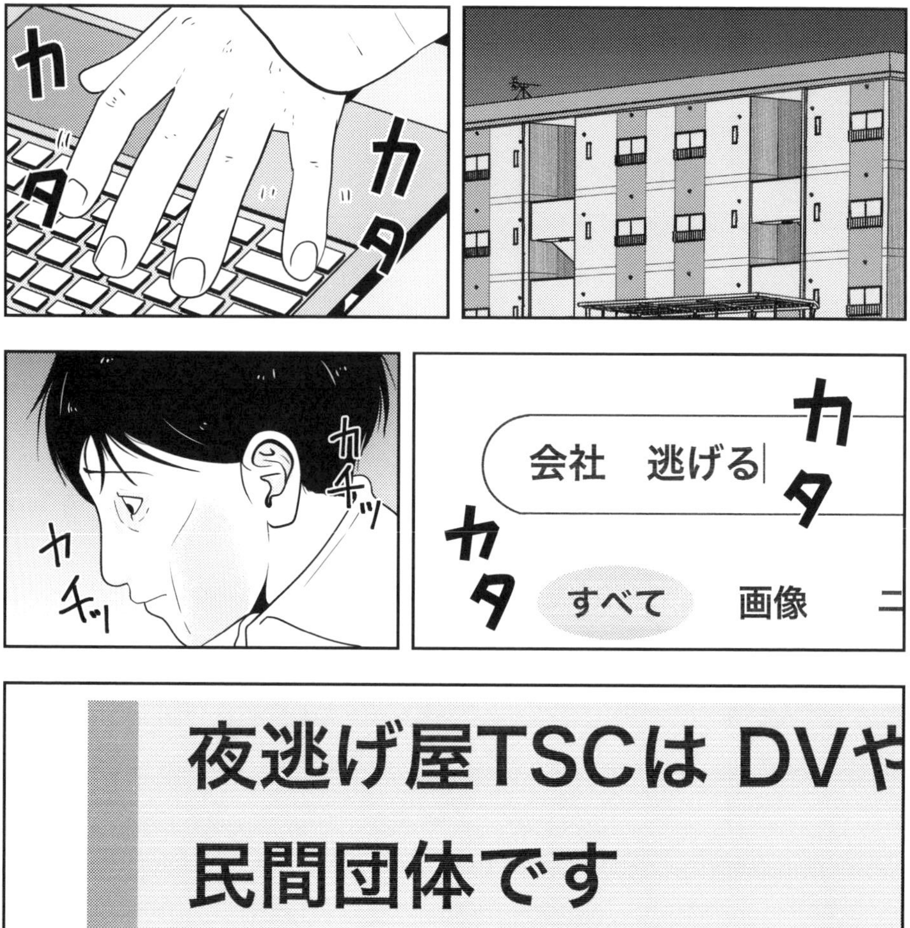

END

別日
後編

いるべき場所

Family Restaurant
カッ
カッ
いらっしゃいませー!
カッ
カッ
カッ

どうも初めまして
夜逃げ屋の社長です
あ…岩下タイチです…
おっつー
どさっ
電話で大体事情は聞いたけど
いつやるの？
え！ いつってそんな…

まだやるかどうかは決めてなくて
とりあえず今日は話を…
あ　そうなの3日以内にやるつもりだったわ
い…　いや　夜逃げはあくまで最終手段
もうちょっと頑張ってみてダメだったらやるスタンスで
最終手段ってあんた…
もう限界なんじゃないの？
体に不調とか出てるんでしょ？
今日生きるのがやっとに見えるんだけど…

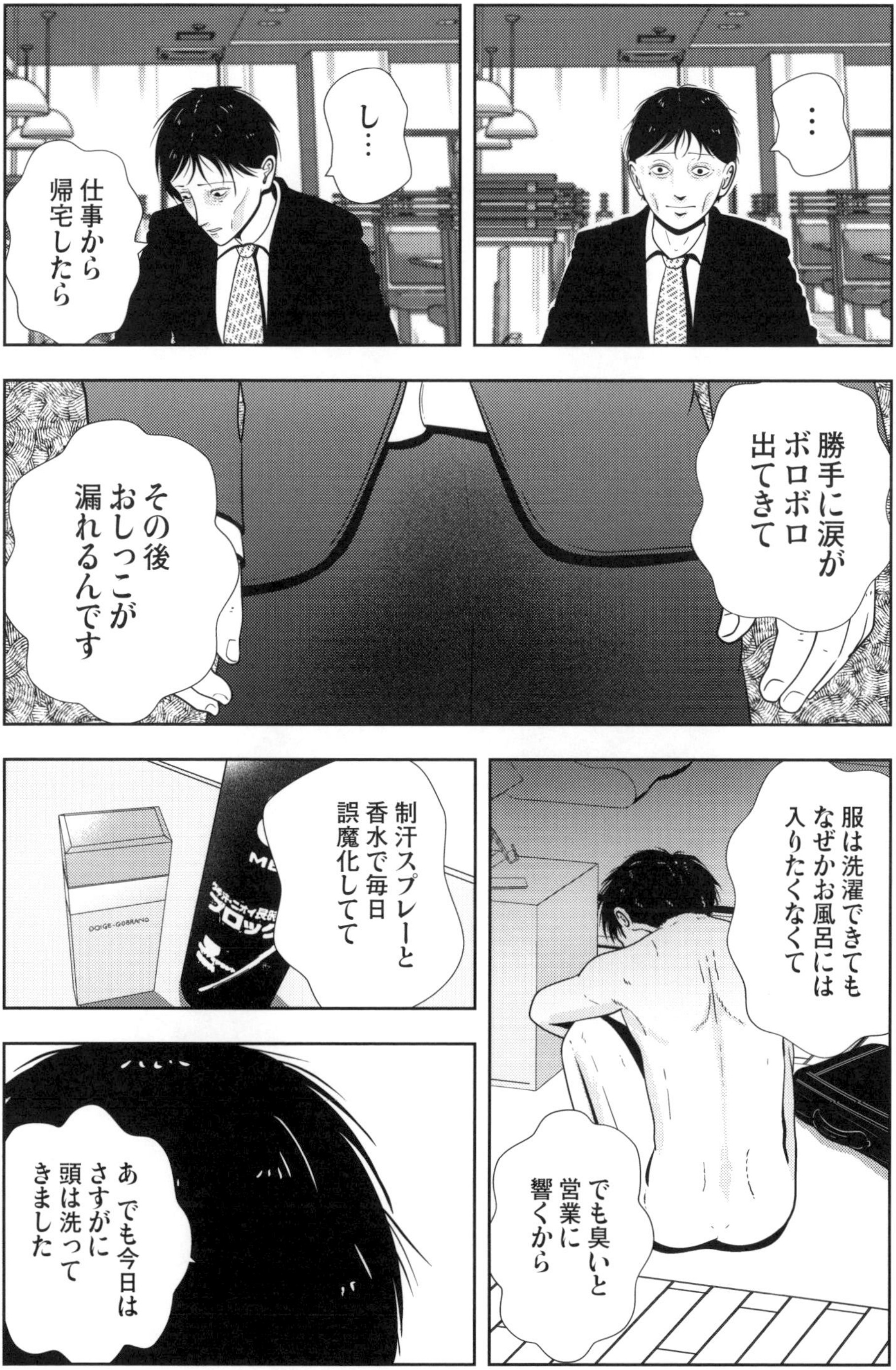
…
し…
仕事から帰宅したら
勝手に涙がボロボロ出てきて
その後おしっこが漏れるんです
服は洗濯できてもなぜかお風呂には入りたくなくて
でも臭いと営業に響くから
制汗スプレーと香水で毎日誤魔化してて
あ でも今日はさすがに頭は洗ってきました

どう考えても限界だと思うんだけど
そんなん自分が一番ようわかっとります
でも…でも一生懸命勉強してようやっと入った会社なのに
ここで辞めたら全部無駄んなる
会社のみんなお客さん期待してくれとる母ちゃん…
どんだけいろんな人に迷惑かけることになるか想像もつかん！
もしここで逃げてしまったらって…
ギュウッ
考えるだけで気が狂いそうになる
でも逃げたいから
私に電話してきたんでしょ？
それは…

その逃げたい
って気持ちから
君は逃げ
続けてきたん
じゃないの？
会社とか
仕事とか
自分以外の
ものと
君はもぅ十分
向き合って
きたでしょ
もぅいい加減
自分の気持ちと
逃げずに向き合って
あげなよ

それができるのは
君だけだよ
…でも
逃げるったって
どこに逃げれば…
この仕事を何年もやってわかったのは

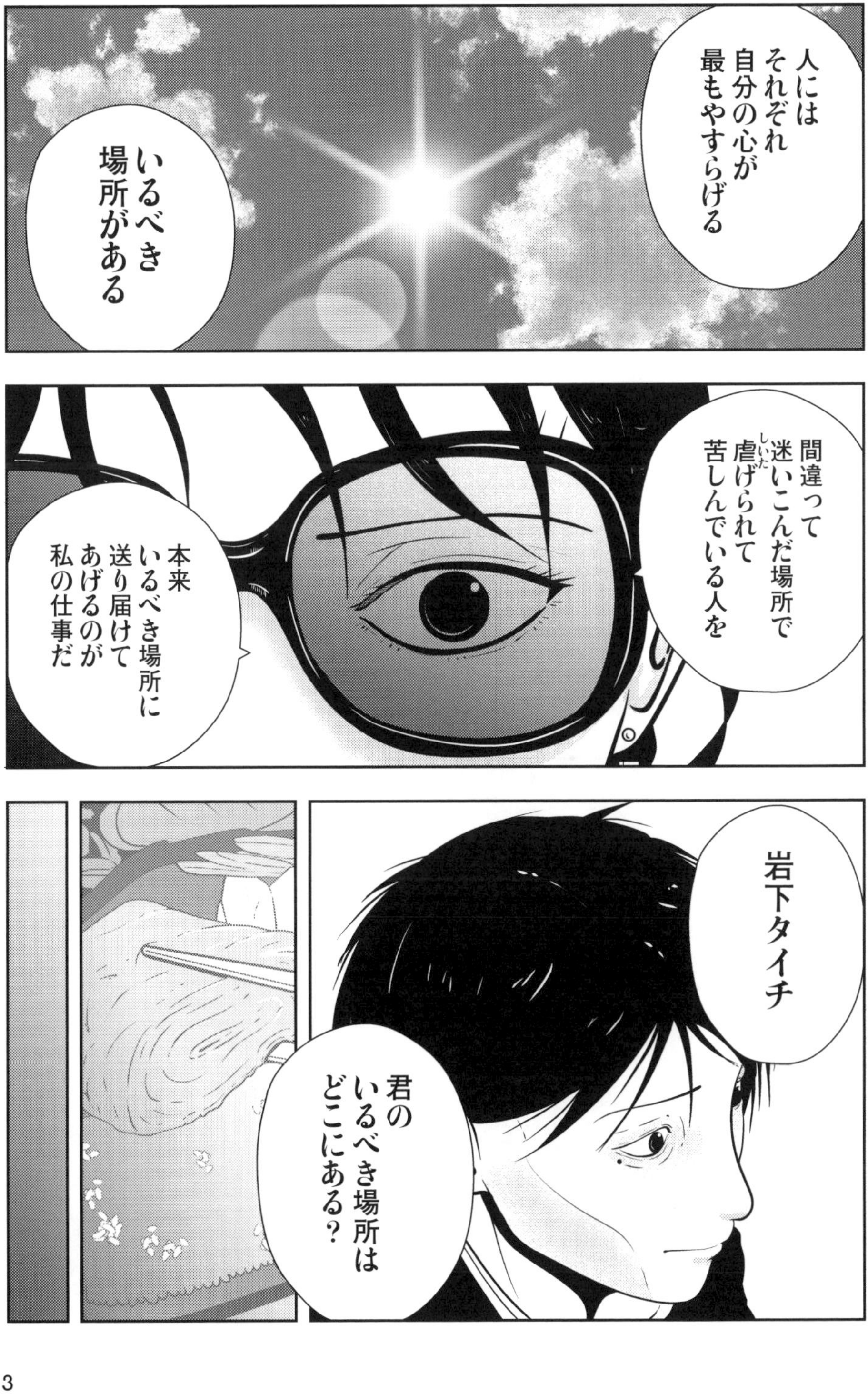
人にはそれぞれ自分の心が最もやすらげる
いるべき場所がある
間違って迷いこんだ場所で虐《しいた》げられて苦しんでいる人を
本来いるべき場所に送り届けてあげるのが私の仕事だ
岩下タイチ
君のいるべき場所はどこにある？

ブロロロ…
カッ
ザッ

ざわ
ざわ
なんの騒ぎだよ
ぶ…部長
あ いや その…
岩下のやつ
それ…
デスクにあった私物が全部無くなってて
退職届
代わりにその封筒が…

ちっ めんどくせぇ ゴミカスが
まだ朝だし 社宅に荷物 あるだろ
どうせまだ その辺に いるはずだ
引きずって 連れてこい
いや… それが
社宅は すぐそこなので 確認に行ったん ですが…
もぬけの 殻でした
昨日は確かに いたんですけど
夜中の間に 社宅の荷物 全部運んだ みたいで…
…ひ
一晩で?
マジかよ

ブオオオォ
ブオオォ
久しぶりの
故郷はどうよ？
…悪くないです
キッ…

ピンポーン
ガチャ
はい
え
タイチ…
母ちゃん
…実は
さっき仕事辞めてきたんだ…
ほんと…ごめん
ギュッ

母ちゃん楽させてやるって言ったのに
本当情けない…
1年ちょっとでこんなことになって…
本当に…
あんたが生きて帰ってきてよかった
ギュッ
母ちゃんそれだけで十分だよ

頑張ったね タイチ
もう頑張らなくていいんだよ
ありがとう

岩下さんの夜逃げから8年
社長の元には今でも写真付きで岩下さんから手紙が届く
律儀なやつだな〜ったく
と言いつつ社長はどこか嬉しそうです
彼は今心の治療を概《おおむ》ね終えて
故郷で就職してのんびり過ごしている
よっし今日も仕事頑張りますか〜
ウィー!
うっす

いるべき
場所にいる
彼は
息子が
3才に
なりました!!
180

とても
幸せそうに
息子が
3才に
なりました!!
今も
笑っている
180

END

親愛なる読者の皆様へ

この度は『夜逃げ屋日記3』をご購入いただき、誠にありがとうございます。
1、2巻を購入していただいたおかげで、
なんとか無事に3巻を出版することができました。
毎回、売り上げ的に次巻を出せるか? ん? 出せないのか? の闘いですが、
こうやって3巻を無事に出すことができて、
ホッとしつつ、購入してくださった読者の皆様への感謝の思いが絶えません。

今回は描きおろしを描くスケジュールがかなりキツかったのですが、
送っていただいたファンレターやSNSでのコメントなど、
皆様の応援のおかげで、自分を奮い立たせてなんとか描き切ることができました。

一緒に頑張ってくださっている夜逃げ屋TSCのスタッフの皆様、
漫画にするにあたり、全面的に協力してくださった元依頼者の皆様、
そしていつも応援してくださる読者の皆様のためにも、
この「夜逃げ屋日記」を最後まで描き切れるように、
誠心誠意心をこめて描き続けたいと思いますので、
今後ともよろしくお願いします!

次は4巻でお会いしましょう!!!!!

宮野シンイチへのファンレターや作品のご感想は株式会社KADOKAWA「夜逃げ屋日記」宮野シンイチ宛にお願いします
〒102-8177
東京都千代田区
富士見2-13-3
株式会社KADOKAWA
「夜逃げ屋日記」
宮野シンイチ宛
さあ 次は4巻が出せるように頑張るぞい!

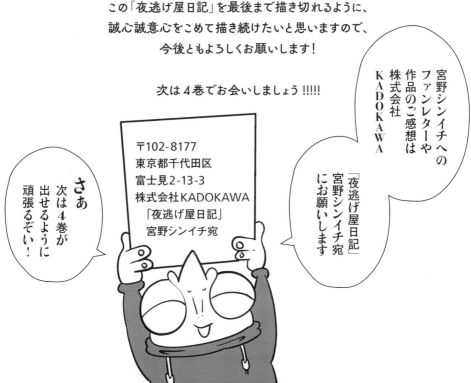

夜《よ》逃《に》げ屋《や》日《にっ》記《き》3

2024年9月2日　初版発行

著者／宮《みや》野《の》 シンイチ

発行者／山下 直久

発行／株式会社KADOKAWA
〒102-8177　東京都千代田区富士見2-13-3
電話 0570-002-301(ナビダイヤル)

印刷所／TOPPANクロレ株式会社

ISBN 978-4-04-683990-9　C0095